KB232620

컨버전스 시대,
전통문화원형의 문화콘텐츠화 전략

저자 | 김만석

한양대학교에서 음악학 석사학위를 받고, 성균관대학교에서 철학(예술철학) 박사학위를 받았다.
1994~2000년 국립극장에 재직하면서 한국 전통창극 및 총체극을 비롯하여 음악극, 무용극,
국립극장 토요문화광장, 해외공연 기획 및 프로듀서로 활동하였다. 2001~2006년 정동극장
예술단장 겸 예술감독으로 재직하면서, 정동극장 상설 전통예술무대를 비롯하여 특별기획공
연, 해외순회공연 등 연간 400여 회 공연을 기획·연출하였다. 지역축제기획가로서 〈서울시
국악로대축제〉, 〈의정부 회룡문화제〉, 〈나주 영산강문화축제〉 등 다수의 지역축제를 기획 및
총연출하였다.
2007~2009년 국악방송 〈김만석 문화재기행〉 프로그램의 방송진행자로도 활동하였고, 2008
년부터 전남도립국악단 상임지휘자 및 예술총감독으로 재직하면서 창극, 뮤지컬, 콘서트 등
연간 200여 회의 공연을 직접 지휘하며 총연출자로 활동하고 있다. 또한 단국대학교 예술경영
학과에서 '공연예술기획'과 '문화콘텐츠'를, 대불대학교에서 '예술경영'과 '전통연희'를 강의하
고 있다.
주요저서 및 논문으로는 『대중문화예술 기획』, 『공연예술경영: 공연기획과 마케팅 실무』, 「석
전대제 음악·무용 연구」, 「삼국시대 속악가사의 문화콘텐츠화 방안연구」 등이 있다.

컨버전스 시대,
전통문화원형의 문화콘텐츠화 전략

2010년 5월 1일 초판 인쇄
2010년 5월 10일 초판 발행

지 은 이 | 김 만 석
펴 낸 이 | 이 찬 규
펴 낸 곳 | 북코리아
등록번호 | 제03-01240호
주   소 | 121-801 서울시 마포구 공덕동 115-13
전   화 | 02) 704-7840
팩   스 | 02) 704-7848
이 메 일 | sunhaksa@korea.com
홈페이지 | www.sunhaksa.com
ISBN   978-89-6324-036-7 (93380)

값 15,000원

본서의 무단복제를 금하며, 잘못된 책은 바꾸어 드립니다.

이 도서의 국립중앙도서관 출판시도서목록(CIP)은
e-CIP 홈페이지(http://www.nl.go.kr/ecip)에서 이용하실 수 있습니다.
(CIP제어번호: CIP2010001554)

컨버전스 시대,
전통문화원형의 문화콘텐츠화 전략

김만석 지음

북코리아

지난 20년간 공연예술분야에서 활동하며 과연 우리 것이라는 것이 무엇인가에 대해서 많은 고민을 해왔다. 필자에게 우리 것이 무엇인가라는 고민은 현재진행형으로 남아 있다. 그러나 중요한 것은 예술철학을 공부하건, 우리 전통 공연예술을 기획하든 제일 중요한 것은 소통이다. 소통이라는 것은 너와 내가 서로 통한다는 것이다. 그러면 예술가와 그것을 향유하는 감상자가 서로 소통하는 방식은 무엇인가?

사람마다 다르겠지만 중요한 보편적인 소통방식이 있다는 것이다. 그 소통방식은 감성과 지성의 두 가지 방식에 의해서 예술을 인식한다는 것이다. 지성이라는 것이 일종의 학습화된 문화적 교양이라면 감성이라는 요소는 정서의 개념으로서 그 범위를 한정할 수 없다는 것이다. 정서의 개념 속에서 느끼는 여러 가지 정서반응은 복잡하고 다양하다. 그러나 이러한 정서반응을 범주화시키면 바로 '喜怒哀樂'이다. 또한 이것을 우리 민족의 보편적인 정서로 표현한다면 바로 '한'과 '흥'이다.

필자는 바로 한과 흥의 개념을 한국 전통문화원형콘텐츠에 도입하여 우리의 전통문화원형의 본질을 규명하고자 하였다. 그래서 그 동안 몇몇 학회지에 발표한 논문과 대학에서 문화콘텐츠 강의 때 활용한 자료를 참조하여 이 책을 쓰게 되었다.

이 책은 우리 전통문화원형을 세 가지 측면에서 살펴보았는데, 먼저 전통문화원형콘텐츠이란 무엇인가? 한국전통문화원형으로서 풍류감성이란 무엇인가? 그리고 우리 전통문화원형의 콘텐츠화 방안에 대한 것이다.

20세기 후반부터 우리나라에 문화콘텐츠산업이 형성되고 우리 전통문화원형에 대한 관심이 고조되면서 우리 전통문화원형의 콘텐츠화 방안에 대한 다양한 연구가 있었다. 그래서 학문적 성과뿐만 아니라 산업적 가치로서 우리 전통문화원형의 문화콘텐츠의 가치가 높이 평가받고 있다. 그래서 콘텐츠와 문화원형의 개념이 결합된 문화원형콘텐츠에 대한 개념적 연구로 시작하여 우리 전통문화원형의 정서적 요소라고 할 수 있는 '한'과 '흥'의 정서적 개념을 우리 전통예술의 소통방식으로 보고, 그것에 대한 개념정립을 하였다.

우리 전통문화원형의 콘텐츠화 방안으로서 우리 한과 흥의 정서가 녹아 있는 고려 속악가사를 실례로 들어 문화콘텐츠 방안을 연구하였고, 문화콘텐츠 마케팅의 관점에서 우리 전통공연예술의 브랜드 아이넨티티에 대한 연구를 하였다.

책을 탈고하면서 너무도 부족한 점이 많이 발견되어 단행본 발간을 미루려고 하였다. 그러나 이 책이 우리 전통문화원형에 관심이 있는 학생들에게 조금이나마 도움이 될 것으로 판단되어 두려움을 무릅쓰고 단행본을 발간하기로 하였다.

마지막으로 지난 1년간 자료수집과 편집작업을 도와준 김차호 실장과 박신애에게 고맙다는 말을 전하고 싶다. 아울러 이 책을 출간해 주신 북코리아 이찬규 사장님께도 감사의 말씀을 전한다.

저자 김만석

제1장

전통문화원형 콘텐츠

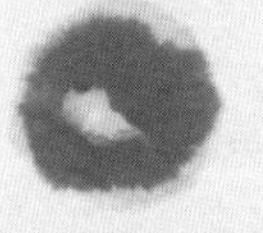

1. 문화원형이란 무엇인가?

2. 문화콘텐츠란 무엇인가?

3. 문화원형콘텐츠란 무엇인가?

1
문화원형이란 무엇인가?

전통문화의 문화상품화라든지 전통문화의 대중화를 위해서 우리는 학문적 또는 문화정책적 용어로 '문화원형'이라는 용어를 자주 사용한다. 그렇다면 전통문화원형은 무엇이고, 문화원형콘텐츠는 무엇인가에 대한 질문을 받을 수 있다. 그러나 막상 이 질문에 대답할 뚜렷한 개념과 범주에 대한 제시를 하지 못하는 경우가 많다. 그것은 일차적으로 문화원형과 콘텐츠 사이의 괴리감 또는 복합적 용어 개념으로 혼선을 주기 때문이고, 또 하나는 문화의 현장에서 사용되는 용어라기보다는 문화정책적 용어로 사용되기 때문이다. 그래서 문화원형콘텐츠에 대한 개념에 대해서 살펴본다는 것은 문화원형과 문화콘텐츠에 대한 논의가 필요하다는 것을 제시해 주는 것이다.

'문화원형'이라는 용어는 원래 정부의 문화산업진흥정책의 개념적 용어로 등장하였다. 1993년부터 대중문화가 주목을 받기 시작하고 영상·방송·음반 등의 문화가 산업적 경제적 이익을 창출할 수 있다는 가능성이 현실화되면서 엔터테인먼트 산업, 즉 문화산업 붐이 조성된다. 1999년 문화관광부는 문화산업진흥기본법을 제정하여 한국문화콘텐츠진흥원을 통해 문화산업의 활성화를 위한 다양한 정책지원사업을 시행하는

데 있어서 문화원형이라는 용어를 자주 사용하게 되었다. 특히 2005년 '우리 문화원형 디지털콘텐츠 사업'의 시행은 문화원형이라는 용어를 문화산업 전반에 널리 사용하는 계기가 되었다. 이 사업의 목적과 추진배경을 살펴보면, 문화원형의 개념에 대한 정의보다는 그것이 창출하는 기대효과에 더 중점을 두고 있다.

앞의 우리 문화원형 디지털콘텐츠 사업에서 제시된 '문화콘텐츠 창작의 보고인 문화원형', '우리 문화의 정체성인 풍부한 전통문화유산으로서 문화원형'은 문화원형의 개념을 파악하는 데 중요한 두 가지 요점을 제공해 준다. 즉 정책적 개념 정의와 문화적 개념 정의이다. 따라서 '문화원

표 1-1 문화원형 디지털콘텐츠화 정책의 목적과 추진배경

구 분	내 용
사업 목적	• 문화콘텐츠 창작의 보고(寶庫)인 문화원형을 디지털콘텐츠화하여 지식문화 산업시대의 창의력과 상상력의 원천인 창작 소재로 제공 ‣ 반만년의 풍부한 역사, 전통문화와 삶을 집대성하여 창작 소재로 개발 ‣ 문화콘텐츠 산업의 가장 중요한 자원으로 기획 · 제작자에게 제공
추진 배경	• 우리 문화의 정체성인 풍부한 전통 문화유산은 문화콘텐츠 창작을 위한 핵심 동인(動因)이자 21세기 지식산업사회의 新자원 ‣ 문화원형을 창조적으로 발현하고 산업적으로 활용하기 위한 국가적 차원의 적극적 정책 필요 • 향후 문화콘텐츠 산업의 '전통문화 르네상스' 흐름을 지속시킬 수 있는 방안에 대한 수요 급증 ‣ 최근, 역사나 전통문화를 소재로 한 문화콘텐츠의 연속적 성공으로 인해 창작의 독창적 소재로 문화원형이 재조명 • 문화콘텐츠 창작기반 조성을 위한 장기적이고 체계적인 비전과 로드맵으로서, 문화원형 디지털콘텐츠화 사업의 2단계 전략 수립 추진

자료 : 한국문화콘텐츠진흥원, 2005.

형'의 의미를 살펴보는 것은 문화원형콘텐츠의 의미를 이해하는 데 중요한 실마리를 제공해 준다.

1) 문화적 개념으로서 문화원형

먼저 문화적 개념 정의에 있어서 문화원형의 '원형' 의미는 '진짜Originality : 元型'라는 의미와 '공통의 틀Archetype : 原型'의 두 가지 의미를 내포하고 있다. '반만년의 풍부한 역사, 전통문화와 삶을 집대성'과 '창작의 보고寶庫'로서 문화원형은 바로 보편성과 공통의 틀로서의 원형Archetype을 뜻하는 것이며, '우리 문화의 정체성'으로서의 원형은 바로 고유성과 정체성으로서 실체Originality의 의미를 포함하고 있다. 아울러 보편성과 공통의 틀로서의 원형은 보편적이고 공동체적인 삶의 방식에 의해서 만들어진 인간문명의 모든 물질적 · 정신적 산물이라는 문화의 개념까지 포함하고 있다. 결국 원형의 의미 안에는 공동체의 물질적 · 정신적 산물의 문화가 기본 토대를 이루며 그 안에서 보편성, 고유성, 정체성의 요소들이 상호 유기적이며 상대적으로 결합되어 원형의 의미를 만들어 낸다.

〈그림 1-1〉에 제시된 원형의 개념 안에는 다양한 문화적 속성들이 내포되어 있는데, 이것은 역사성 · 문화현상 · 민족성 · 지역성 · 전통성 등의 문화적 산물로서 의미들이 함축적이고 상호작용하고 있다는 것이다. 즉, 시대적으로 다양한 문화적 현상들에 보편적으로 적용되는 전형성의 틀, 특정 지역이나 민족의 삶의 모든 방식으로서 정체성의 틀, 역사적으

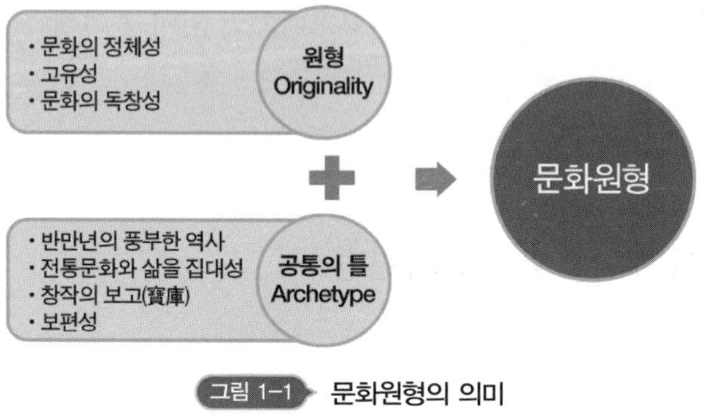

그림 1-1 ▶ 문화원형의 의미

로 세대를 거듭하면서 어떤 문화가 그대로 전승되어 오는 전통성의 틀, 지역과 지역, 민족과 민족 간을 구별해 주는 문화적 구별방식으로 고유성의 틀이다. 즉 개인과 개인, 집단과 집단, 더 나아가 지역과 지역, 민족과 민족을 구별하지만 그 지역만이 갖고 있는 삶의 표현방식 또는 문화적 특징을 담고 있는 다양한 문화현상들의 공통 분모가 바로 '문화원형'이다. 공통 분모는 바로 보편성과 고유성의 양립하는 요소를 갖고 있다. 예를 들어, 어느 나라든지 그 나라의 고유 건국설화를 갖고 있다. 그러나 각 나라마다 건국설화의 유형은 비슷할 수 있으나 그 내용은 다르다. 각 나라마다 건국설화를 갖고 있다는 것과 그 유형이 비슷하다는 것은 문화원형의 보편성에 속하고, 각 나라마다 건국설화의 내용이 다르다는 것은 바로 고유성에 속한다.

이러한 문화적 개념 정의로서 원형은 더 넓은 담론으로서 원형의 본질적 의미 규정까지 논점을 확대시키는데, 공동체의 물질적 · 정신적 산물이 포함되는 보편성에 대한 논점은 정신분석학자 융의 '무의식'이라는 개념으로 보편성의 의미를 살펴볼 수 있다. 융C. G. Jung은 "인간은 선조의 과거 역사가 담긴 잠재된 기억흔적의 창고이자 선조의 반복적인 경험 축적의 부산물인 집단적 무의식 Collective Unconscious을 지니고 있다"고 하였다.

융은 집단적 무의식, 이 무의식이 개인적인 것이 아니라 보편적 성질을 가지고 있기 때문에 개인적 정신과는 달리 모든 개인에게 어디서나 똑같은 내용과 행동양식을 가지고 있는 것을 의미한다. 그리고 모든 인간에게 동일하며 모든 사람에게 존재하는 초개인적인 성질을 지닌 보편적 정신의 토대를 이루고 있다. 바로 이 집단적 무의식을 채우고 있는 '내용'이 바로 '원형die Archetypen'이라고 하였다.

융이 말하는 원형 Archetype은 인간의 무의식 속에 내재되어 있는 보편적 성질로서 지리적, 문화적, 인종적 차이 없이 인간 무의식 심층에 존재하는 인간의 가장 원초적 행동유형으로 무한한 가능성의 에너지 저장소이고 신화를 만들어 내며 종교적 원천이다. 무의식은 의식에 결여된 것을 보충하여 통합성, 전일성, 온전성, 원만성을 지향한다. 원형은 인류의 근원적인 행동유행을 가능케 하는 선험적 조건이자 그 자체로서는 비어 있는 형태적 요소이며 선험적으로 주어진 여러 가지 관념유형을 산출할 수 있는 가능태dynamis이다.

융의 견해에 따르면, 원형은 개개인의 경험과 지식, 감성에 따라 다르게 의식화되고 지각됨으로써 그 표현 또한 개인에 따라 다르게 나타난다. 이 원형에는 인간이 어쩌면 아직 인간이 아니었을 때와 선사시대, 역사시대의 유구한 경험을 반영되어 있다. 따라서 서로 다른 역사를 갖는 각 민족이나 국가 등은 집단마다 조금씩 변이된 원형을 갖는다. 반복되는 과거와 현재의 문화유산의 동기가 바로 원형이라는 것이다. 이것은 인간 공동체 간의 고유한 원형이 집단적 정신적·물리적 행동의 경험에 의해서 고유한 원형의 결과로 표출하게 되는 것이다. 고유한 원형이 표출된 결과물인 집단적 무의식으로서의 원형이 그 집단 구성원의 의식과 행위로 표출된 결과물이 바로 우리가 익히 알고 있는 문화유산, 즉 무형문화재·유형문화재, 풍속, 국악, 전통민속놀이 등이 바로 문화원형이라고 할 수 있다. 이러한 문화원형들은 집단의 고유성·역사성·문화현상·민족성·지역성·전통성의 성질을 갖고 있다. 이것이 형성되는 것은 역사적으로 개인의 경험이 축적되어 이것이 집단의 공통적 의식행위로 표출되고, 그것이 세대를 전승하며 공동체적 경험이 지역성과 고유성을 갖게 된다. 그것이 확대되어 전 공동체적 문화현상과 민족성으로 발전되면서 전통성을 갖게 된다. 결국 이러한 단계를 통해서 문화원형의 속성들을 갖게 되는 것이다.

문화원형은 바로 문화전승의 과정 속에서 이러한 특성을 갖게 되는 것이다. 결국 문화원형은 민족 정체성을 구성하고 있는 집단적 무의식의 내용물이 구체화된 보편적인 표상이나 결과물로서의 민족문화를 의미한다. 그러나 민족문화는 민족 고유성을 전제조건으로 한다. 즉 국가와 민족, 그리고 공동체 사이에 중첩되어 있는 문화요소는 각기 다른 역사성

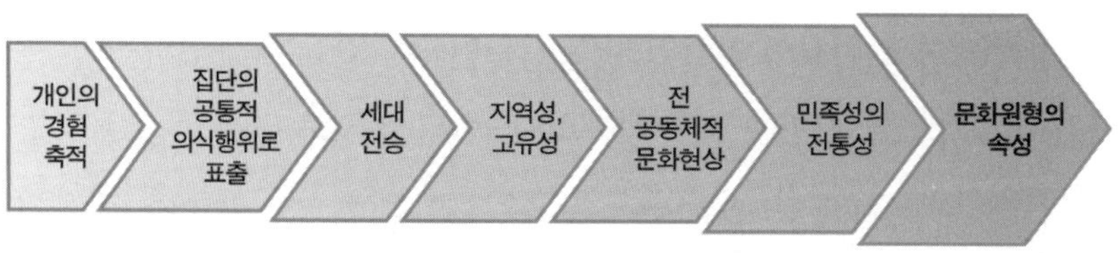

그림 1-2 문화원형의 전이단계

의 집단적 경험을 통해 고유성을 획득한다. 일반적으로 문화현상에서는 각 지역이나 시대에 따라 다른 모습으로 발전한 예들이 있는데, 종교의 경우, 같은 종교라도 지역에 따라 달리 전개되는 것을 보면 알 수 있다. 이렇게 문화원형의 보편성과 특수성은 동전의 앞뒷면 같은 상대적인 개념을 포함한 특성이다. 결국, 문화원형을 민족이라는 범주 안에서 고찰해 보면, 다른 민족과의 차별을 통한 주체성과 민족 구성원 사이의 공감대에 바탕을 둔 정체성이 담겨 있으며, 다양한 지역적·시간적 분화가 가능한 전형성, 그리고 창의력과 상상력이 담겨 있는 것이다. 이것은 민족의 문화원형이 시대별·지역별 변화로 인식하게 하고, 미래의 민족문화가 나아갈 방향을 결정해 주는 구실을 한다는 것이다. 이러한 개념은 문화원형이 시간과 공간, 정신적·물질적인 부분에서 다각도로 구분해

표 1-2 한국문화콘텐츠진흥원의 '우리 문화 민족문화원형 발굴 사업'의 민족문화원형의 개념

구 분	내 용
민족문화원형	사람이 태어나기 전부터 있는 집단무의식의 본성적 경향, 같은 자연환경과 역사적 환경에서 유사한 경험을 반복하는 동안 일정한 유형으로 나타나는 의식적 경향
문화원형의 요소	시대적 자극과 충돌을 겪으면서 외면적으로 변화하기도 하지만 내면적으로 비슷한 유형의 본성을 유지함
	문화원형은 문화정체성을 형성하는 근간으로 고대부터 현재까지 문화적 저류로 지속하면서 특수한 역사적 조건, 생태적·시대적 환경에 따라 다양한 형태의 문화를 생산해 내는 문화 생성의 힘
	신화, 전설, 민담, 노래, 언어, 예술, 문학 작품 등에서 드러나거나 놀이, 의례, 말, 풍속 등에 나타나는 공통된 행동유형

볼 수 있고, 오래된 것만이 아닌 미래의 것으로 전이되어 나타날 수 있다는 것을 보여 준다.

한국문화콘텐츠진흥원의 '우리 문화 민족문화원형 발굴 사업'에서 제시된 민족문화원형의 개념은 바로 문화적 개념으로서의 문화원형의 의미들을 담고 있다.

2) 정책적 개념으로서 문화원형

1998년 우리나라 IT 산업 붐이 문화산업의 붐으로 이어지면서 1999년 제정된 '문화산업진흥기본법'에서 문화원형이라는 용어가 사용되기 시작하였다. 문화산업 내에서 만들어진 신조어가 아니라 정책적 개념으로서 만들어진 신조어이다. 우리가 이미 문화적 개념으로서 문화원형의 의미를 살펴보았듯이 문화원형의 개념에는 다원적 요소들이 서로 유기적으로 결합된 개념이다. 반면·문화산업, 특히 문화콘텐츠에서 사용되는 문화원형의 개념은 문화적 다양성과 고유성의 요소보다는 문화원형이 콘텐츠화될 수 있는 소재로서 그것이 산업적 가치를 창출할 수 있는가에 중점을 둔 개념이다. 그래서 문화원형에 대한 새로운 개념 정립이 필요하다고 주장하는 학자들도 있으며, 문화산업 소재로서 문화원형의 개념을 정립하는 것이 필요하다고 주장한다. 특히 배영동은 한국문화콘텐츠진흥원과 관련된 문화콘텐츠 산업에서 사용하는 문화원형의 개념을 새롭게 정립하는 다양한 문화원형의 요소를 정립하였는데, 그 내용들[1]은 다음과 같다.

① 문화산업적 변형과 활용을 의식한 문화개념으로서, 변형되지 않고
   활용의 잠재력을 간직한 문화자료
② 무엇을 만들기 위한 소재로 인식한 문화로서, 문화콘텐츠의 소재
③ 문화상품을 의식한 개념으로서, 상품의 재료가 될 만한 한국 전통문
   화 그 자체
④ 한국에서 전형성을 갖는 전통 문화현상으로서, 가공상품으로 변형되
   기 이전의 상태
⑤ 국적이 모호하거나 문화적 뿌리가 심하게 뒤섞인 현대 한국 문화보
   다는 한국의 정체성을 갖는 전통문화
⑥ 한국적 고유성을 간직한 문화현상으로서, 세계적 차원에서 볼 때, 다
   른 나라와 구별될 만한 특성을 갖는 한국 문화

앞에 제시된 문화원형의 개념을 구성하는 요소들의 공통점은 문화산
업의 특징인 문화콘텐츠, 문화상품, 국가적 전통문화의 고유성, 문화 경
제적 가치를 창출의 요소로 정책적 문화원형의 개념을 정의하고 있다.
즉 문화원형의 속성들인 전형성, 고유성, 정체성, 전통성을 갖춘 문화원
형의 요소들이 어떻게 문화콘텐츠의 소재로 개발되어 문화상품의 가치
를 창출할 수 있는가에 대한 것에 초점을 둔 정책적 문화원형의 개념이라

---

1) 배영동, "문화콘텐츠화 사업에서 문화원형 개념의 함의와 한계", 『인문콘텐츠』 제6호,
   2005, p.48.

는 것을 알 수 있다.

문화산업에서 문화원형은 문화개념으로서 문화원형이 문화산업적 변형과 활용 가능성으로서 그것이 변형되지 않고 활용의 잠재력을 갖춘 문화 소재이다. 문화소재, 그것 자체가 한국 전통문화인 동시에 동시대적 한국에서 전형성을 갖는 전통문화현상이다. 문화적 기술에 의해 문화상품으로 가공되어 문화원형콘텐츠가 활용되기 이전의 전통문화자원을 문화원형으로 보고 있다.

3) 문화원형의 가치

(1) 문화유산으로서의 가치

문화콘텐츠의 창작소재를 제공하는 문화원형의 가치를 평가한다는 것은 문화산업의 경제적 가치뿐만 아니라 문화유산으로서의 가치도 함께 평가한다는 것이다. 왜냐하면 문화유산은 곧 문화원형의 가치로서 인류의 미래 문화발전을 위해서 다음 세대에게 계승 · 상속할 만한 가치를 갖고 있는 인류 사회의 문화적 소산이자 정신적 · 물질적인 모든 문화양식이다. 민족사회의 모든 과학 · 기술 · 관습 · 규범 · 문화재 등을 모두 포함한다. 이러한 문화양식이 인류를 구성하고 있는 다양한 국가 · 민족의 정체성을 결정짓는 요소이자 민족문화의 핵심이기 때문이다. 그래서 문화유산이라는 대의적 개념 속에 그것의 개념이 포함된다. 문화원형을 문화유산의 광의적 개념 속에서 문화원형의 가치를 살펴보면 다음과 같다.

국제연합^{UN} 교육과학문화기구^{UNESCO}에서 1972년 프랑스 파리에서 열린 제17차 정기총회에서 채택한 〈세계문화 및 자연유산보호협약〉의 제1조에 따라 문화유산의 개념과 유형을 〈표 1-3〉과 같이 정리하고 있다.

유네스코는 세계 문화유산의 범주에서 다시 무형유산과 기록유산의 가치를 새롭게 정립하였는데, 1989년 유네스코는 〈전통문화의 민속보호에 관한 권고^{Recommendation on the safeguarding of Traditional Culture and Folklore}〉와 1993년 제142차 실행위원회에서 채택한 〈인간문화재에 관한 결정^{Dicision Concerning the "Living Human Treasure"}〉을 바탕으로 1998년 제155차 실행위원회에서 문화공간과 문화표현 양식을 보호하기 위해 시상제도 도입과 구전 및 무형문화재의 발굴 및 보존, 홍보를 촉구하기 위해 걸작 선정 사업으로 '인류 구전 및 무형유산 걸작'을 선정하기로 하였다. 이 사업은 문화적 가치 및 전통의 뿌리, 문화적 정체성, 문화 간 교류 촉진, 현대사회에서의 사회적·문화적 역할, 기능 및 기술 응용의 탁월성, 독특한 문화적

표 1-3 ▶ **UNESCO의 세계문화 및 자연유산보호협약 제1조 문화유산의 개념과 유형**

구 분	내 용
기념물	건축물, 기념적 의의를 갖고 있는 조각 및 회화, 고고학적 성격을 띠고 있는 유물 및 구조물, 금석문, 혈거유적지 및 혼합유적지 중 역사, 예술 및 학문적으로 현저한 세계적 가치를 갖고 있는 유산
건조물군	독립된 또는 연속된 구조물들, 그의 건축성, 균질성 또는 풍경 안의 위치로부터 역사상, 미술상 현저한 보편적 가치를 갖고 있는 유산
유적지	인공의 소산 또는 인공과 자연의 결합의 소산 및 고고학적 유적을 포함한 구역에서 역사상, 관습상, 민족학상 또는 인류학상 현저한 보편적 가치를 갖고 있는 유산

표 1-4 세계문화유산에 등록된 우리나라의 문화유산 현황

구 분	내 용
유형문화유산 (유적 · 건축물 · 장소)	창덕궁, 수원화성, 석굴암, 불국사, 해인사장경판전, 종묘, 고인돌유적, 경주역사 유적지구
기록문화유산	훈민정음, 조선왕조실록, 직지심체요절, 승정원일기, 조선왕조의궤, 해인사 고려대장경판과 제경판, 동의보감
무형문화유산	종묘제례 및 종묘제례악, 판소리, 강릉단오제, 영산제, 강강술래

전통, 그리고 소멸 위기를 갖고 있는 각 나라의 전통문화재들을 발굴 · 보존 · 홍보하기 위해 마련된 제도이다.

유네스코는 기록문화유산으로서 점차 사라져가는 인류의 기억을 보존하고 홍보하고자 '세계 기억 프로그램MOW : Memory of the World'을 시행하고 있다. 세계인류기록유산을 적절하게 보존 · 관리하고 일반인들이 그것의 가치와 중요성을 널리 인식하여 전 세계에 알리고자 시행되는 모든 활동으로서 전 세계 도서관과 기록보존소에 남아 있는 인류문화적 가치가 있는 기록물들을 보존 · 보급하는 활동을 하고 있다.

국내에서는 전통문화유산을 보존하고 관리하는 공공기관으로서 문화체육관광부 산하 문화재청은 문화유산을 다음과 같이 정리하고 있다.

○─○─○

문화유산은 우리민족이 이룩한 유형 · 무형의 모든 문화적 소산所産을 포괄하는 "보존할 만한 가치가 있는 문화유산文化遺産과 자연유산自然遺産"을 지칭한다. 문화재는 한민족의 공동체적 정체성Identity을 확인시켜 주는 최고의 정신적 가치를 지니고 있으며 전 인류가 함께 공유하는 문화적 자산이다. 문화재

는 한 민족집단이 생활을 영위하면서 만들어 낸 모든 것 가운데에서 문화적으로 인류보편적인 성격과 함께 민족의 특수성을 띤 것이라고 할 수 있다. 따라서 문화재는 역사적으로 한 민족집단이 겪은 사건과 체험의 표현물이며 그 가운데에서 현재까지 남아 있는 유산들인 것이다. 이러한 관점에서 문화재란 역사상·학술상·예술상·관상상 가치가 있고 인류생활을 이해할 수 있는 모든 것을 가리키며 지하자원을 포함한 자연자원과 함께 경승지와 같은 자연지리적 조건, 일상생활 자료 그리고 모든 과거의 문화적 유산을 포함하고 있다. 그것은 바로 현재 우리 민족이 생활하고 있는 국토의 모든 자연 및 인문, 지리적 환경을 포괄하고 있다.[2]

문화재청은 한국의 문화유산 중 역사·학술·예술적 가치가 높은 것을 유형·무형, 기념물, 민속자료, 지정문화재로 구분하여 보호육성하고 있다.

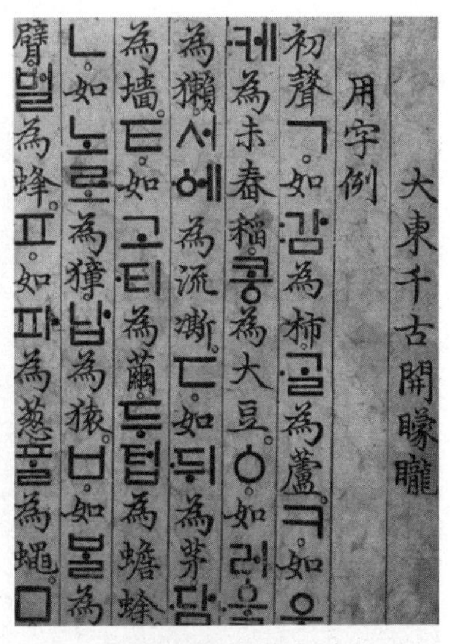

그림 1-3　훈민정음

---

2) 문화재청 홈페이지 〈http://www.cha.go.kr/korea/heritage/knowledge〉 인용.

그림 1-4 창덕궁

그림 1-5 강강술래

표 1-5 문화재청 문화유산의 분류에 따른 문화유산 개념 및 유형[3]

구 분	내 용	
유형문화재	건조물, 전적, 서적, 고문서, 회화, 조각, 공예품 등 유형의 문화적 소산으로서 역사상 또는 예술상 가치가 큰 것과 이에 준하는 고고자료	
무형문화재	연극, 음악, 무용, 공예기술 등 무형의 문화적 소산으로서 역사상 또는 예술상 가치가 큰 것	
기념물	패총 · 고분 · 성지 · 궁지 · 요지 · 유물포함층 등의 사적지로서 역사상, 학술상 가치가 큰 것. 경승지로서 예술상, 관상상 가치가 큰 것 및 동물(서식지, 번식지, 도래지를 포함한다), 석문(자생지를 포함한다), 광물, 동굴로서 학술상 가치가 큰 것	
민속자료	의식주 · 생업 · 신앙 · 연중행사 등에 관한 풍속 · 관습과 이에 사용되는 의복 · 기구 · 가옥 등으로서 국민생활의 추이를 이해함에 불가결한 것	
국가 지정문화재	문화재청장이 문화재보호법에 의하여 문화재위원회의 심의를 거쳐 지정한 중요문화재로서 국보 · 보물 · 중요무형문화재 · 사적 및 명승 · 천연기념물 및 중요민속자료 등 8개 유형으로 구분된다.	
	국 보	보물에 해당하는 문화재 중 인류문화의 견지에서 그 가치가 크고 유례가 드문 것
	보 물	건조물 · 전적 · 서적 · 고문서 · 회화 · 조각 · 공예품 · 고고자료 · 무구 등의 유형문화재 중 중요한 것
	중요 무형문화재	무형문화재 중 중요한 것
	사 적	기념물 중 유사이전의 유적 · 제사 · 신앙 · 정치 · 국방 · 산업 · 교통 · 토목 · 교육 · 사회사업 · 분묘 · 비 등으로서 중요한 것
	명 승	기념물 중 경승지로서 중요한 것

---

3) 문화재청 홈페이지 〈http://www.cha.go.kr/korea/heritage〉 재구성.

(계속)

구 분		내 용
국가 지정문화재	사적 및 명승	기념물 중 사적지 · 경승지로서 중요한 것
	천연기념물	기념물 중 동물(서식지 · 번식지 · 도래지 포함) · 식물(자생지 포함) · 지질 · 광물로서 중요한 것
	중요 민속자료	의식주 · 생산 · 생업 · 교통 · 운수 · 통신 · 교역 · 사회생활 · 신앙 민속 · 예능 · 오락 · 유희 등으로서 중요한 것
시도 지정문화재		특별시장 · 광역시장 · 도지사(이하 '시 · 도지사')가 국가지정문화재로 지정되지 아니한 문화재 중 보존가치가 있다고 인정되는 것을 지방자치단체(시 · 도)의 조례에 의하여 지정한 문화재로서 유형문화재 · 무형문화재 · 기념물 및 민속자료 등 4개 유형으로 구분
문화재자료		시 · 도지사가 국가지정문화재 또는 시 · 도지정문화재로 지정되지 아니한 문화재 중 향토문화 보존상 필요하다고 인정되는 것을 시 · 도조례에 의하여 지정한 문화재
	비지정 문화재	문화재보호법 또는 시 · 도의 조례에 의하여 지정되지 아니한 문화재 중 보존할 만한 가치가 있는 문화재를 지칭
	일반동산 문화재	문화재보호법 제76조에 따라 국외 수출 또는 반출 금지규정이 준용되는 지정되지 아니한 문화재 중 동산에 속하는 문화재를 지칭하며 전적 · 서적 · 판목 · 회화 · 조각 · 공예품 · 고고자료 및 민속자료로서 역사상 · 예술상 보존가치가 있는 문화재
	매장문화재	문화재보호법 제43조에 의해 토지 · 해저 또는 건조물 등에 포장된 문화재

문화재청의 한국 민족문화유산에 대한 개념과 유형들을 살펴볼 때, 민족문화유산으로서 문화원형은 세대와 세대 간의 전승을 통해서 좁게는 공동체에서 지역 · 국가로, 더 나아가 민족적 문화의 정체성으로서 개

인·집단·민족 등의 집단적 무의식과 의식의 발현으로 자아를 찾으려는 공동체적 문화의 본색이다. 따라서 민족의 전통문화유산으로서 문화원형의 가치는 미시적으로는 한 국가와 민족의 문화적 정체성을 특징짓는 것은 물론 거시적으로는 인류적 문화유산으로서 인류의 문화적 정체성의 정립이다.

(2) 인문학적 가치

문화원형은 문화유산으로서 원형 그 자체가 가치를 갖고 있는 동시에 창조적 연속성을 갖는다. 왜냐하면 문화유산의 가치가 단지 원형을 보존뿐만 아니라 계승의 목적도 있기 때문이다. 계승이라는 것은 전통문화의 원형을 원형 그대로 보존하고 전승하는 것이 아니라 시대적 무의식/의식 속에 그것이 점점 각각의 시대의 가치관을 담고 가치성을 창조적 계승에 의해서 변천되어 왔기 때문이다.

　영국의 사학자 에릭 홉스본은 "통상 낡은 것처럼 보이고 실제로 낡은 것이라고 주장하는 이른바 '전통들traditions'은 실상 그 기원을 따져 보면 극히 최근의 것일 따름이며, 종종 발명된 것이다."[4]라고 주장한다. 이것은 전통이 과거의 것인 동시에 최근의 것이며, 역사적으로 연속성에 의해 과거와 현재, 그리고 미래로 연속된다는 것을 의미한다. 즉 연속성이라는 것은 시대적으로 인간이 창조한 전통 속에 시대적 사회·문화·정치 등 모든 인간의 생활양식과 의식이 단계적으로 형성된 층위를 이루고

---

4) 에릭 홉스본 지음, 박지향·장문석 옮김, 『만들어진 전통』, 휴머니스트, 2004. p.19 인용.

있다는 것이다. 바로 이러한 관점에서 시대적으로 전통문화원형이 창조적 연속성으로서 상관관계를 어떻게 구축하느냐이다. 문화유산으로서 문화원형은 시대적 인간문명의 가치관을 담고 있기 때문에 오늘날 과학기술이 발달된 시대에 다양한 가치들을 창출할 수 있는 원천 소재를 갖고 있다는 것이다.

일반적으로 우리가 문화원형이라고 하는 것은 전통문화를 말한다. 전통문화의 원천 소재의 가치 창출은 바로 오늘날 발달된 과학기술 또는 다양한 문화 기술Cultural Technology에 의해서 다양한 문화적 가치를 창출할 수 있지만 그 기본 바탕에는 기획력과 창의력이 기본 바탕으로 깔려 있어야 한다. 기획력과 창의력은 그것이 어떠한 과학·문학적·예술적 상상력이든 원천 소재에 기초적인 지식연구로서 학문적 상상력이 필요하다는 것이다. 즉 인문학적 지식에 의해서 소재를 발굴·수집·정리하고, 그것을 다시 다양한 문화적 매체들로 창조할 수 있는 전제조건으로서 문화원형이 인문학을 전제로 한다는 것이다. 예를 들어, 우리가 어느 지역에서 전승되는 설화를 영화의 소재로 활용한다면, 설화는 바로 문화원형이고, 영화는 그것을 표현하는 매체가 되는 것이다. 설화의 원형을 영화로 창조하기 위해서 설화의 내용에 대한 역사적·지리적·문학적 연구에 의해 그것에 문학적 상상력을 더한다. 이 과정은 바로 인문학적 과정으로서 문화원형이 인문학적 가치를 갖는 것이다. 그리고 1차적으로 인문학적 조건을 갖춘 문화원형이 다시 영화적 상상력에 의해서 창조되어 완성된 영화작품이 된 것은 바로 콘텐츠화되는 과정이라고 할 수 있다.

문화원형이 문화콘텐츠로서 개발되는 초기 단계에서 인문학적 상상력은 문화원형이 갖고 있는 고유의 원형성을 비롯하여 역사성에 대한 자료의 수집 · 분석 · 정리를 통해서 1차적인 기초학문적 연구지식 철학 · 예술 · 역사 · 문화 등과 지식화된 문화원형을 기획력과 창작력에 의해서 다양한 콘텐츠 매체가 기본적으로 요구하는 창작적 텍스트로 만드는 것이 바로 문화원형의 인문학적 상상력이라고 할 수 있다. 따라서 문화원형의 인문학적 가치는 인문학적 연구방법에 의해서 문화콘텐츠로 개발될 수 있는 소재의 특징을 갖추고 있다. 즉 문화원형의 범주에 들어가는 신화, 전설, 민담, 노래, 언어, 예술, 문학 작품 등에 드러나거나 놀이, 의례, 말, 풍속 등은 인문학적으로 철학적 · 예술적 · 문학적 · 미학적 · 사회정치학적 연구의 소재를 제공한다. 예를 들어, 우리가 고구려 고분벽화를 살펴보면, 고분에 그려진 다양한 그림을 통해서 고구려인들의 다양한 생활상을 파악하는 것으로 사회정치학적 연구의 소재를 제공하고, 문화적으로 어떠한 의식주 문화를 갖추었는지, 춤추는 무희들 그려진 벽화에서 시대적 예술적 가치를 발견할 수 있다. 그리고 다양한 동물문양과 문양의 구도 등에서 당시 고구려인들의 철학적 사상을 이해할 수 있다. 바로 문화원형을 발굴하여 그 원형에서 다양한 요소들을 발굴 · 수집 · 분석하는 과정을 통해서 고구려 고분벽화에서 다양한 지식을 얻는다. 또 기획력과 창의력이 더해지는 과정에서 문화원형의 인문학적 가치를 발견하는 동시에 인문학을 기초로 한 문화가치를 재창출하는 것이다.

그림 1-6 ▶ (사)국수호 디딤무용단 공연 〈고구려〉 공연

그림 1-7 국수호 디딤무용단의 춤극 〈고구려〉 공연의상

(3) 문화산업적 가치

우리는 문화원형의 개념을 다루면서 문화원형의 가치 창출에 대해서 지금까지 언급해 왔다. 가치 창출은 문화유산 또는 인문학적인 공공적 가치 창출만을 문화원형의 가치라고 볼 수 없다. 문화유산이 문화원형으로

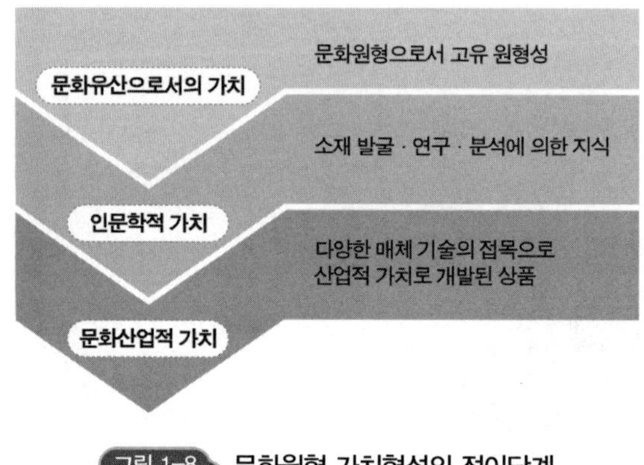

그림 1-8 ▶ 문화원형 가치형성의 전이단계

서 가치이고, 그것이 발굴 · 연구 · 분석을 통해서 인문학적 가치로 전이되고, 다시 매체적 문화기술 또는 과학기술이 결합되면서 산업적 상품으로서의 가치가 형성된다.

상품적 가치라는 것은 문화산업의 측면에서 대중성과 소비성을 갖춘 재화적 요건을 말한다. 문화의 개념으로서 그 예를 예술이라고 하고, 산업의 개념을 경제라고 할 때 예술과 산업이라는 개념이 결합되어 문화산업이라는 개념을 형성한다는 것이 상호 이질적인 개념으로 생각할 수도 있다. 그러나 오늘날 연극 · 영화 등은 예술적 장르에서 그 가치가 확대되어 문화산업의 유형으로 발전되었다. 왜냐하면 그것의 파급효과가 경제적 가치를 창출하기 때문이다. 즉 우리 역사의 문화원형들이 출판 · 애니메이션 · 영화 · 방송 · 공연 등의 다양한 문화예술 장르로 개발되어 대중들에게 매체적 상품으로 팔리고, 그것의 경제 효과가 산업적 경제가치를 뛰어넘는 것을 이미 알고 있다. 예를 들어, 우리 민족의 신화 · 설화 ·

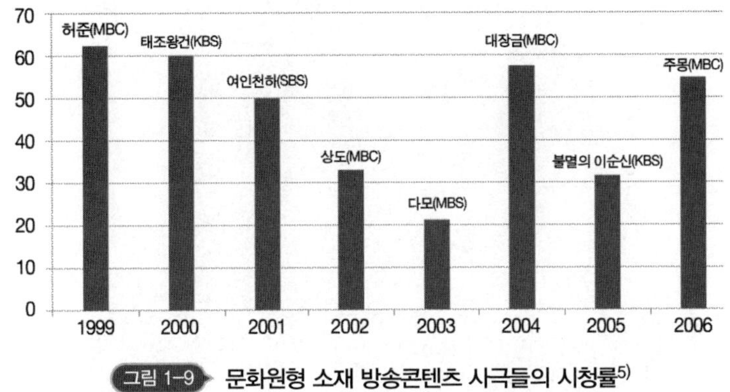

그림 1-9 문화원형 소재 방송콘텐츠 사극들의 시청률[5]

역사적 인물과 사건의 문화원형을 소재로 하여 방송콘텐츠인 드라마로 제작된 사례를 살펴보면, 문화원형의 대중성과 산업가치를 알 수 있다.

또한 영화 〈왕의 남자〉의 경우 문화원형은 원래 연산군 11년 일기 60권 22장[6]에 기록된 역사적 기록이다.

傳曰 : "≪周禮≫方相氏, 掌儺以逐疫, 則逐疫與儺, 固非二事. 而國俗旣逐疫, 又設儺逐疫者, 逐舊災迎新慶, 雖循俗行之猶可, 若儺禮, 則皆是俳優之戲, 無一事可觀. 且優人群聚京城, 剽竊爲盜, 自今勿設儺禮, 以革舊弊." 先是優人孔吉, 作老儒戲曰 : "殿下爲堯, 舜之君, 我爲皋陶之臣. 堯, 舜不常有, 皋陶常得存." 又誦 ≪論語≫ 曰 : "君君臣臣父父子子. 君不君臣不臣, 雖有粟, 吾得而食諸?" 王以語涉不敬, 杖流遠方.

---

5) 한국문화콘텐츠진흥원 CT뉴스 〈http://ctnews.kocca.or.kr/ctnews/kor/SITE/data/html_dir/2007/02/14/200702140002.html〉 인용.

6) 조선왕조실록 사이트(sillok.history.go.kr) 조선왕조실록 연산군일기 60권 22장 원문 인용.

그림 1-10 영화 '왕의 남자'

　전교하기를, "주례周禮에 방상씨方相氏가 나례를 맡아 역질을 쫓았다면 역질 쫓는 것과 나례가 진실로 두 가지 일이 아닌데, 우리나라 풍속이 이미 역질은 쫓았는데 또 나례를 하여 역질을 쫓는 것은, 묵은 재앙을 쫓아 버리고 새로운 경사를 맞아들이려는 것이니, 비록 풍속을 따라 행하더라도 오히려 가하거니와, 본디 나례儺禮는 배우의 장난으로 한 가지도 볼 만한 것이 없으며, 또 배우들이 서울에 떼를 지어 모이면 표절剽竊하는 도둑

그림 1-11 연극 '이'

이 되니, 앞으로는 나례를 베풀지 말아 옛날 폐단을 고치게 하라."하였다.

이보다 앞서 배우 공길孔吉이 늙은 선비 장난을 하며, 아뢰기를, "전하는 요·순堯舜 같은 임금이요, 나는 고요皐陶 같은 신하입니다. 요·순은 어느 때나 있는 것이 아니나 고요는 항상 있는 것입니다." 하고, 또 ≪논어論語≫를 외어 말하기를, "임금은 임금다워야 하고 신하는 신하다워야 하고, 아비는 아비다워야 하고 아들은 아들다워야 한다. 임금이 임금답지 않고 신하가 신하답지 않으면 아무리 곡식이 있더라도 내가 먹을 수 있으랴." 하니, 왕은 그 말이 불경한 데 가깝다 하여 곤장을 쳐서 먼 곳으로 유배流配하였다.

이 짧은 역사적 기록을 인문학적 소재 발굴역사적 배경, 시대적 정치·사회 배경에 조사·연구·분석을 통해 인문학적 상상력에 의해서 연극으로 제작되고, 다시 〈왕의 남자〉라는 영화로 제작되어 2006년 한국 영화사상 최고의 흥행성적1,230만 명 관람을 올렸고, 흥행수입 710억 원의 경제적 효과를 얻었다. 이러한 전통문화의 한 소재가 다양한 문화기술cultural technology를 통해 대중적인 문화산업 장르와 상호 작용하여 만들어진 콘텐츠가 엄청난 경제적 효과를 얻을 수 있다는 것을 증명하고 있다.

2

문화콘텐츠란 무엇인가?

1) 문화콘텐츠의 개념

일반적으로 문화콘텐츠라는 말의 사용 시기는 1990년대 중반으로 알려져 있으나 정확하게 목적과 사용자에 대한 언급은 없다. 한국에서는 문화영역보다 산업·경제분야에서 탄생하게 된 문화콘텐츠는 문화culture와 콘텐츠content의 합성어이다. 문화체육관광부에서 문화콘텐츠에 대한 산업적 개념을 명시하고 있지만 의미의 속성에 대한 연구는 미흡하다.

문화콘텐츠의 개념을 파악하기 위해 합성의 각각 낱말이 갖는 사전적 정의를 결합하여 새로운 개념을 확립시킨다고 하더라도 어디에 중점을 둘 것인가에 대한 것은 여전히 논란의 여지가 있다. 특히 오늘날 여러 학자들에 의해서 논점으로 다루어지고 있는 것은 '콘텐츠'의 한국식 의미해석과 콘텐츠의 의미가 확장되어 장르적 수식어로서, 디지털, 영화, 인문 등이 콘텐츠 앞에 붙어 콘텐츠의 의미가 확대되는 현상에 대한 문제이다. 따라서 문화콘텐츠의 개념정의에 대해서 살펴볼 필요가 있다.

먼저 문화콘텐츠의 한국식 의미해석의 문제를 살펴보겠다. 일반적으로 문화와 콘텐츠를 개별적으로 분리하여 그 의미를 살펴보면, 콘텐츠

Content란 '내용물'이란 뜻으로 1990년대 중반 유럽 국가들이 'Multimedia Content라는 용어를 쓰기 시작한 것이 계기가 되었다. 한국에서는 1999년 E-비즈니스 열기가 고조된 이후 '3CCommerce, Community, Content를 통해 'Content'가 보편명사화된 것으로 보고 있다. 국내에서는 복수형으로 '콘텐츠'라고 하는데 이것은 방송과 언론에서 '내용물 전반'이라는 용어로 지칭하기 위해서 사용된 것으로 보인다. 또한 'One Source Multi Use' 개념에 따라 다중적인 활용을 강조하면서 복수형이 고착화된 것으로 보고 있다.[7] 따라서 콘텐츠가 '내용물' 혹은 '내용물 전반'으로 해석된다면 문화콘텐츠는 '문화적 내용물'로 해석할 수 있다. 그러나 문화적 내용물이라는 것이 무엇인가에 대해서 그것을 범주화시키면 그 범위가 광범위해질 수 있는 위험요소를 갖고 있다. 즉 문화콘텐츠에 대한 구분과 규정에 대한 문제점이 도출된다. 그래서 '문화'라는 속성에 대한 의미 해석이 필요하다.

문화라는 것은 인간의 정신적·물질적 행위가 만들어 내는 모든 유형 또는 무형의 산물을 말하는데, 17세기에 이르기까지 서양에서의 문화 개념은 '자연 상태'와 '문화 상태'로 대비되어 이해되어 왔다.[8] 문화는 인간의 인위적인 모든 정신적·물질적 활동이 만들어 낸 산물로서, 인간과 동물 또는 자연과 대립되는 야만과 문명을 구분짓는 의미이다. 문화콘텐츠의 일반적 개념에서 말하는 '문화적 요소'로서 인간의 생활양식, 전통

---

7) 심상민, 『콘텐트비즈니스의 새 흐름과 대응전략』, 삼성경제연구소, 2002.

8) 신응철, 「문화해석의 두 입장: 자유의지론과 문화결정론의 논쟁」, 『해석학연구』 제10호, 2002, 303쪽.

문화, 예술, 대중문화, 신화, 개인의 경험, 역사기록 등 다양한 유무형의 요소들이 포함되는 것이 문화의 내용물이다. 20세기 초 영국을 중심으로 교양중심의 고급문화와 하급문화의 이분법적 해석에서 벗어나 영국의 공유학파에서 문화연구와 마르크스 구조주의 학자들을 중심으로 하는 프랑크푸르트 학파에 의해서 그동안 하급문화로 취급되어 온 대중문화에 대한 연구가 시작되면서 특권층을 위한 '교양' 중심의 문화에 '오락'이라는 대중적·문화적 요소가 추가된다. 따라서 콘텐츠 앞에 붙는 문화적 요소가 지향하는 목적은 바로 교양과 오락의 두 가지 속성을 가지고 있느냐에 있다. 교양과 오락의 두 가지 속성은 바로 기능적 차원의 콘텐츠의 미와 결합되어 소위 인문콘텐츠, 영화콘텐츠, 문화원형콘텐츠, 디지털콘텐츠와 같은 새로운 콘텐츠 영역으로 그 의미가 확장되어 간다. 즉 인문학적 사고와 축적물로서 인문콘텐츠, 영화라는 문화상품의 장르적 속성을 담는 영화콘텐츠 등 문화예술 장르의 장르적 속성에 따른 새로운 문화콘텐츠 영역들을 만들어 간다는 것이다.

콘텐츠의 의미는 이러한 문화적 요소들과 기능적 차원으로서 그것을 새로운 또는 원형의 요소를 한층 발전시킨 상품을 만들어 내는 기술적 매체에 대한 의미가 포함되어 있다. 이것은 문화적 요소가 유·무형의 모든 요소들이 포함되는 것이라면 기능적 차원에서 콘텐츠는 물질적 차원 기술매체와 연관이 있다. 즉 물질적 차원에서 디지털과 연계하여 이해하는 시각들인데, '콘텐츠를 단순한 내용물이 아닌 그것을 담는 기술매체와 결합된 내용물이자 문화상품'이라고 보는 시각이다.

이러한 시각은 문화콘텐츠를 경제산업적 가치의 산물로 보는 것으로 새로운 디지털 기술의 발달로 인해 문화콘텐츠가 문화상품으로서 일반적인 산업적 유통시스템인 생산·소비·유통의 과정을 통해서 소비되는 재화적 의미를 부여한다. 이러한 관점에서 콘텐츠의 의미를 해석하면 '디지털 형식의 내용물'[9]이라고 해석할 수 있다. 이것은 현재 우리가 자주 사용하는 문화콘텐츠와 디지털콘텐츠의 경계를 어떻게 구분해야 하는가에 대한 문제점을 도출시킨다. 일반적으로 우리가 이해하는 디지털콘텐츠는 디지털미디어를 이용하여 제작, 유통, 향유되는 내용물들을 말하며, 여기서 말하는 디지털미디어는 컴퓨터, 네트워크, 디스켓, CD, DVD 등 디지털 저장매체 그리고 모바일 등으로 디지털 통신매체에 실려 유통되는 모든 내용물들을 일컫는 것이라 할 수 있다.

이러한 관점에서 본다면 문화콘텐츠는 디지털콘텐츠 중에서 방송, 영화, 게임, 애니메이션, 음반, 캐릭터, 전자책 등과 같이 디지털미디어를 이용하여 제작, 유통, 소비되는 문화예술의 내용물들이라는 용어해석이 나온다. 즉 디지털콘텐츠가 디지털미디어의 저장 및 유통방식에 초점을 둔 개념이라면 문화콘텐츠는 디지털미디어와 그것이 포함하는 내용물들

---

9) '디지털 형식으로 만들어진 것'이란 완제품을 해체하면 모두 '0'과 '1'이라는 숫자의 조합으로 환원된다는 것을 뜻한다. '디지털 방식으로 유통되는 것'이란 DVD, VOD(Video On Demand)와 같은 형태로 이용할 수 있도록 서비스하는 것을 말한다. '디지털 방식으로 소비되는 것'이란 '디지털 방식으로 유통되는 것'과 완전히 구분하기는 어렵지만 하이퍼텍스트(Hypertext), 인터넷 채팅과 같은 형태를 말한다. 그러나 여기에서는 디지털 유통방식과 디지털 소비방식이 문화콘텐츠와 어떠한 관계인가에 관심을 갖기보다는 디지털 형식의 내용물이 (문화)콘텐츠라는 일부의 주장에 대해 검토한다. '디지털 내용물'은 구체적으로 '디지털 형식을 갖는 내용물'이라 할 수 있다. 디지털 형식이라 함은 '0'과 '1'의 숫자 조합으로 구성된, 넓은 의미에서의 정보이다.

까지 포함되는 개념이라고 할 수 있다. 그러므로 문화콘텐츠는 디지털콘텐츠보다도 넓은 범주의 개념이라 할 수 있다. 예를 들어, E-비즈니스, 원격 진료 등의 콘텐츠는 디지털콘텐츠의 하나이지만 문화콘텐츠라고 할 수는 없다.[10]

위의 관점에서 본다면 문화콘텐츠는 디지털 형식의 내용물로 전제하고 있으며, 문화콘텐츠와 디지털콘텐츠의 구분이 되는 것이 내용물의 성격이다. 또한 두 가지의 개념 모두 디지털미디어를 통해 생산, 유통, 소비되지만 문화콘텐츠는 문화예술의 속성이 강한 콘텐츠이고, 디지털콘텐츠에 문화콘텐츠의 개념이 하위 개념으로 포함되는 것처럼 보인다. 그러나 디지털 형식이 아닌 문화콘텐츠들은 과연 디지털 형식에 포함되느냐에 문제점을 야기시킨다. 예를 들어, 공연물, 출판물 등의 아날로그적 요소가 강한 콘텐츠들은 문화콘텐츠가 될 수 없다는 논리이다. 따라서 이러한 관점은 디지털 형식의 기준으로 문화콘텐츠의 개념을 정의한다는 데에 한계점이 있다는 것을 시사해 준다.

반면 문화산업진흥기본법에 명시된 콘텐츠의 의미는 '부호 · 문자 · 음성 · 음향 및 영상 등의 자료 또는 정보'로 정의하고, 문화콘텐츠를 '문화적 요소가 체화된 콘텐츠'로 정의[11]하고 있다. 이러한 관점은 디지털콘텐츠와 문화콘텐츠의 개념을 모두 포괄하는 '문화적 요소'의 유무를 기준으로 문화콘텐츠의 개념을 정의하였기 때문에 그의 의미해석이 광

---

10) 박상천, 「예술의 변화와 문화콘텐츠의 의의」, 『인문콘텐츠』 제2호, 2003, 185쪽.

11) 문화산업진흥기본법 〈http://www.lawnb.com/lawinfo/law/info_law_search-view.asp?ljo=l&lawid=00128620〉 참조.

범위한 대상들을 포함하고 있다. 그러나 콘텐츠의 의미에 포함되지 않는 것들도 우리는 이미 문화콘텐츠로 부르고 있다. 즉 콘텐츠로 환원될 수 있는 것에 대한 규정과 문화적 요소에 대한 구체적인 언급이 없는 것이 이 개념을 모호하게 하는 단점을 갖고 있다.

위에서 언급한 문화콘텐츠의 의미해석에 모호성을 극복하는 개념으로서 문화콘텐츠는 생활양식이나 전통문화, 예술, 이야기, 대중문화, 신화, 개인의 경험, 역사기록 등 다양한 문화적 요소를 원천으로 하여 생성되며, 이러한 문화적 요소는 창의성과 기술을 바탕으로 고부가가치를 창출하는 문화콘텐츠로 전환될 수 있다고 설명하였다. 또한 문화콘텐츠는 문화의 원형原形 ; Original form과 원형原型 ; Archetype 또는 문화적 요소를 발굴하고 그 속에 담긴 의미와 가치원형성, 잠재성, 활용성를 드러내 매체 On/Offline에 결합하는 새로운 문화창조의 과정을 의미하는 것[12]이라고 하였다.

결국 여러 학자들이 개념화시킨 문화콘텐츠의 정의를 종합적으로 살펴볼 때 문화콘텐츠가 지향하는 목적성, 콘텐츠의 속성, 기능 등에서 기본적인 전제는 문화의 요소가 체화되어 그것이 현대의 기술적 매체들과 결합, 새로운 문화창조의 과정으로서 문화콘텐츠의 의미를 해석하는 것이 가장 타당하다는 결론을 도출할 수 있다.

---

12) 심승구, "한국 술 문화의 원형과 콘텐츠화: 술 문화의 글로벌콘텐츠를 위한 담론체계 탐색", 2005 인문콘텐츠학회 학술심포지엄 발표 자료집, 2005, p.54.

2) 문화콘텐츠의 분류

문화콘텐츠의 구성요소와 분류하는 기준은 문화적 요소를 체화하는 과정을 창의력과 기술력으로 볼 것인가와 문화콘텐츠를 콘텐츠 내용과 제작과정, 그리고 매체기술에 따라 구분할 것인가에 따라 두 가지 분류방식이 지배적이다. 일반적으로 손대현의 연구[13]에 의한 문화콘텐츠의 분류는 전통문화를 비롯한 다양한 문화적 요소가 창의력과 기술이 가미되어 문화콘텐츠로 개발되는 과정에 초점을 맞추어 문화적 요소가 체화되어 만들어진 문화콘텐츠들을 영화, 음악, 만화, 캐릭터, 방송, 애니메이션, 음악, 인터넷 등으로 구분하고 있다.

김의석의 문화콘텐츠 분류기준[14]은 문화콘텐츠를 과정 · 유통매체 · 내용별로 좀 더 구체적으로 분류하여 문화콘텐츠의 과정별 분류는 콘텐츠의 기획에서부터 소비단계까지 구분하여 문화콘텐츠를 산업적 재화의 공급원칙에 따라 분류하였다. 유통매체별 분류는 세부적으로 문화콘텐츠를 담는 매체들로 분류하였다. 여기서 분류된 기술매체들은 대부분 디지털미디어 매체라는 것이 특징이며, 유통매체가 과정별 분류지점과 가까울수록 게임과 모바일 등 인터랙티브 콘텐츠로 나아가는 특징을 보이고 있다. 문화콘텐츠의 내용별 분류는 기능적 · 문화산업의 분류기준에 따라 분류하였는데, 과정별 분류 기준에 가까울수록 애니메이션과 영화, 게임, 음악 등의 대중문화콘텐츠가 기획 · 제작 · 유통 · 소비율이 높은

---

13) 손대현, 『문화를 비즈니스로 승화시킨 엔터테인먼트 산업』, 김영사, 2004, p.127.

14) 김의준, "문화콘텐츠산업의 경제적 파급효과", 한국문화콘텐츠진흥원, 2004, p.21.

것으로 나타나는 것이 특징이다.

이러한 분류기준은 문화콘텐츠를 사용목적에 따라 원천들을 창의력과 기술력 매체와 결합하여 단순하게 분류하는 단점에서 벗어나 문화콘텐츠을 경제적 공급과 수요의 원칙에 따른 제작 → 유통 → 소비의 단계와 사용자의 지향성과 문화산업의 장르에 따른 기술매체 선택의 세 가지 요소가 상호작용하여 유동적 구성요소로 파악하였다는 것이 장점이라고 할 수 있다.

문화체육관광부의 '문화산업진흥기본법'을 기준으로 하여 문화산업 중 문화콘텐츠의 범위를 규정하는 기준은 산업적 가치로서 다양한 문화적 요소들로 구분된다. 영화와 관련된 산업을 비롯하여 음반·비디오물·게임물과 관련된 산업, 출판·인쇄물·정기간행물과 관련된 산업, 방송영상물과 관련된 산업, 문화재와 관련된 산업, 예술성·창의성·오락성·여가성·대중성이하 '문화적 요소'라 한다이 체화되어 경제적 부가가치를 창출하는 캐릭터·애니메이션·디자인산업디자인 제외·광고·공연·미술품·공예품과 관련된 산업, 디지털 문화콘텐츠의 수집·가공·개발·제작·생산·저장·검색·유통 등과 이에 관련된 서비스를 행하는 산업, 그 밖에 전통의상·식품 등 대통령령으로 정하는 산업[15]이라고 분류하였다.

---

15) 문화체육관광부, 문화산업진흥법 제2조 제1항, 2002년 개정.

3) 문화콘텐츠의 특성

문화콘텐츠의 특성은 문화적 요소와 그것을 담는 매체적 특성, 그것이 갖는 최종적 소비목적의 지향성에 따라 다섯 가지 특성으로 나누어 살펴볼 수 있다.

첫째, 문화콘텐츠는 콘텐츠화되기 이전의 원천재료가 원형성, 정체성을 지닌다. 불국사 석굴암의 보존불상이 문화콘텐츠화되어 다양한 캐릭터, 영상이미지, 문양 등으로 제작된다고 할지라도 석굴암 보존불상이라는 그것이 갖고 있는 본래의 원형성, 즉 그것의 실체로서 제작 당시의 시대성을 반영한 예술적 가치는 변화하지 않는다는 것이다.

둘째, 문화콘텐츠는 문화원형을 문화상품으로 개발하는 창조적 과정이다. 문화원형을 발굴하여 그것에 새로운 가치를 부여하기 위해서 콘텐츠 개발자의 창조적 작업이 수반되어야 새로운 문화콘텐츠가 만들어지기 때문이다. 예를 들어, 백제시대 가요인 '정읍사'라는 고대시가문학이 오늘날 공연콘텐츠로 개발되기 위해서 극작가는 자신의 상상력을 발휘하여 시가문학에 극적 이야기를 입히는 작업을 하여 완성된 공연작품으로 탄생하게 만든다.

셋째, 문화콘텐츠는 그것 자체가

그림 1-12 　국보 제24호 "석굴암석굴"

그림 1-13　세계문화유산 "불국사"

융합성을 갖고 있다. 문화원형에 문화기술culture technology이 결합되어 생산되는 문화상품이다. 즉 콘텐츠의 생산과정에서 문화 분야 외에 다양한 분야들이 참여하여 복합적 생산기술을 토대로 새로운 문화콘텐츠가 탄생하게 되는 것이다.

넷째, 문화콘텐츠는 시공간을 초월하는 대중성을 갖고 있다. 과거에 고급향유층만이 누리던 문화원형이 대중적 문화콘텐츠화되면서 누구나 향유할 수 있고, 과거에는 존재하였지만 세월을 거듭하면서 사라진 문화원형을 복원하여 시공간을 초월하여 새로운 대중적 문화아이콘으로도 탄생할 수 있다는 것이다.

다섯째, 문화콘텐츠는 사용목적이 다양화될 수 있는 다양성을 갖고 있다. 소위 OSMUOne Source Multi Use 전략에 의해서 문화원형이 일차적으로 캐릭터로 개발되면 그것이 파급되어 애니메이션으로, 다시 공연과 영화콘텐츠로 개발되는 다양한 개발목적에 의해 멀티콘텐츠로 활용될 수 있다.

3
문화원형콘텐츠란 무엇인가?

지금까지 문화원형과 문화콘텐츠에 관해서 살펴본 결과 문화원형과 콘텐츠의 두 가지 속성이 다른 개념이 결합되어 문화원형콘텐츠에 대한 개념을 정립할 수 있다. 인간 공동체의 삶 속에서 역사적으로 또는 동시대적으로, 의식적 또는 무의식적으로 표출된 본래적 형태 origianl form 와 관념적 표상 archetype 으로서 물질적·정신적 구성물이 문화원형이고, 민족적 정체성과 동시에 보편성을 갖추고 있으며, 그것이 인간 활동의 다양한 산물로서 원천적 문화요소이자 문화원형이라고 하였다. 그리고 문화원형의 소재가 창조와 상상력의 기획에 의해서 다양한 문화기술 cultural technology 에 적용시키는 매체적 접근방식 및 결과물을 콘텐츠라고 하였다. 따라서 문화원형콘텐츠는 문화적 역사성·고유성·정체성·보편성 등의 문화적 요소들을 갖춘 원천소스가 인문학적 또는 문화산업적 가치창출을 위한 목적에 의해서 인간의 창조적 문화생산활동에 의해 콘텐츠적 성격을 갖춘다. 그리고 다양한 매체적 요소들 문화적 기술 에 적용하여 만들어진 결과물이자 창조과정으로 개념을 정립할 수 있다.

문화원형콘텐츠의 가치창출은 복원과 창조의 측면에서 살펴볼 수 있는데, 문화원형의 복원은 소재 발굴과 활용성, 창조는 접근성과 경쟁력이다. 이러한 문화원형콘텐츠의 가치창출에 관해서 문화체육관광부는 다음과 같이 중요성을 강조하고 있다.

문화콘텐츠산업의 성패는 기술적 수준보다는 흥미롭고 창의적인 콘텐츠 소재 발굴이 더 중요한 가치를 지니며, 그것이 자국/자민속의 문화적 전통을 대상으로 이루어질 때 더욱 가치가 있고 경쟁력 있는 결과물을 만들어낼 수 있다. 그러나 국내의 경우 오랜 역사를 통해 축적된 문화적 깊이와 풍부함은 세계적으로 인정받고 있으나, 그 가치가 문화콘텐츠 산업에 적극적으로 활용되고 있지 못하는 실정이다.[16]

1) 문화원형의 문화콘텐츠화 과정

문화원형의 가치실현을 위해서 그것의 복원과 창조과정에서 수행되는 소재 발굴, 활용성, 접근성, 경쟁력의 네 가지 요소가 문화원형을 문화콘텐츠화하는 중요한 요소이자 작업과정이 된다.

문화원형의 소재 발굴은 두 가지 측면에서 살펴볼 수 있는데, 첫 번째, 복원의 차원에서 사라져 가는 문화원형이나 소멸된 문화원형을 복원하는 과정으로서 문화유산의 보존 및 인문학적 가치에 비중을 두고 있다. 두 번째, 변용의 차원에서 문화원형을 다른 목적으로 활용하기 위해서 다른 문화콘텐츠로 변용할 수 있는 가능성이 있는 문화원형을 발굴하는 과정으

---

16) 문화체육관광부, 「문화산업 백서」, 2002, p.84.

로 문화산업적 가치에 비중을 두고 있다.

예를 들어, 한국문화콘텐츠진흥원 문화원형 과제 중에 '한국 술문화의 디지털콘텐츠화' 사업은 우리 전통주의 종류와 기원, 향음주례, 전통주 제조법 등을 시각자료화하는 문화콘텐츠 사업으로 문화원형의 소재 발굴 작업에서 문화유산의 보존과 계승, 그리고 사료적 가치에 중점을 둔 문화 원형복원의 문화콘텐츠 사업이다. 또한 '종묘제례악의 디지털콘텐츠화'사업도 조선왕조의 궁중의례로서 종묘제례에 관련된 다양한 악기,

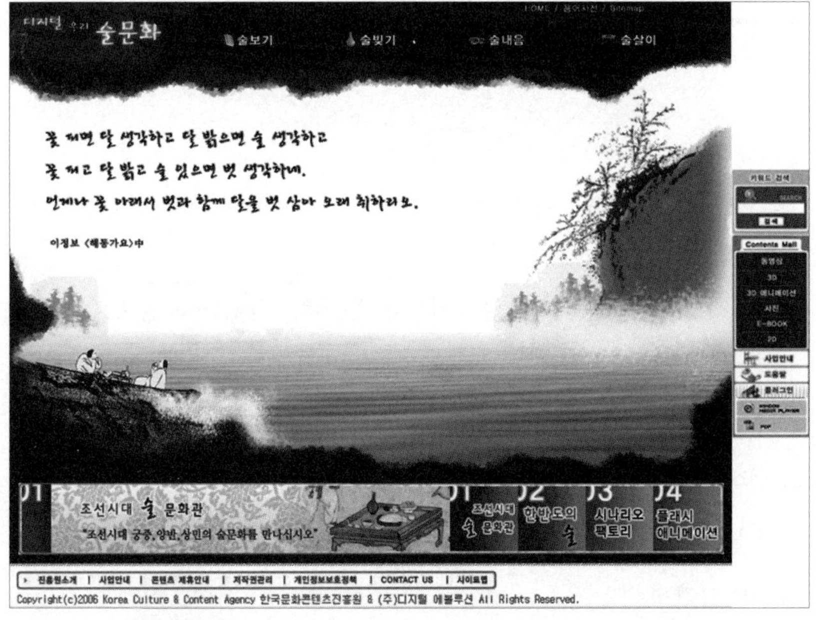

그림 1-14　㈜디지털에볼루션 제작 '디지털 우리 술문화'[17]

---

17) 한국문화콘텐츠진흥원 문화콘텐츠닷컴유통센터 〈http://koreanliquor.culturecontent.com〉

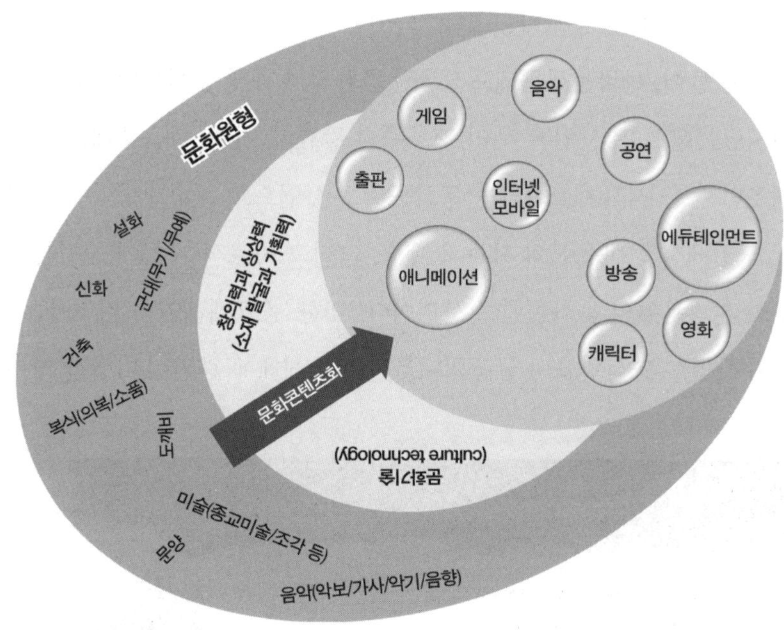

그림 1-15　　문화원형의 OSMU(One Source Multi Use) 전략

복식 등의 원천자료를 재구성하여 디지털콘텐츠화하는 작업으로서 사업 목적이 문화유산의 보존과 계승, 사료적 가치에 중점을 둔 문화원형 복원의 문화콘텐츠 사업이다. 반면 '암각화 이미지의 재해석에 의한 캐릭터 데이터베이스 작업'의 사업은 선사시대 암각화 속의 동물, 식물, 문양, 구름 등의 원천을 오늘날 애니메이션 및 디자인 캐릭터 등으로 활용하기 위해서 암각화에 등장하는 다양한 그림들을 데이터베이스화하는 사업이다. 이 사업은 원천자료를 변용하여 다양한 문화산업 애니메이션, 패션, 디자인 소스, 캐릭터상품 개발 등 에 활용하는 데에 중점을 둔 문화콘텐츠화 사업이다.

문화원형의 창조는 문화원형의 복원보다는 창조과정으로서 문화기술

culture technology을 활용하여 만든 문화원형콘텐츠가 문화산업에서 문화상품으로서의 경쟁력을 갖추고 있느냐에 대한 것이다.

문화원형의 문화콘텐츠로 창조하는 과정에서 접근성은 바로 문화기술을 말한다. 문화기술은 미시적 관점에서 문화 관련 상품의 기획, 개발, 제작, 유통, 소비 등과 이와 관련된 서비스에 필요한 기술로 통상적인 '기술'의 범위를 포함하여 거시적으로 이학 · 공학적인 기술 및 인문사회학, 디자인, 예술분야의 지식과 감성적 요소를 포함하여 문화적 삶의 질을 향상시키는 총체적인 기술을 말한다. 좀 더 세부적으로 분류된 문화기술들에서 문화원형의 복원기술은 '문화원형기술'을 말하며, 외국에서는 문화원형기술을 'Digital Heritage'로 일컫는다. 국내와 국외의 문화원형기술에 대한 개념도 다른데, 외국의 '디지털 헤리티지digital heritage는 주로 유럽과 미국 등의 나라에서 사용하는 개념이다. 자국의 문화유산을 디지털 형태로 개발하여 문화유산으로서 가치와 중요성을 미래의 세대에게 전승한다는 것에 취지를 두고 있다. 이것은 공공적 접근성에 중대함을 갖고 오늘날 현대적인 문화유산까지도 모두 문화유산의 대상으로 삼고 있다. 디지털 헤리티지의 영역은 보존할 문화유산의 선정, 아날로그 형식의 문화유산을 디지털화, 디지털화된 문화유산을 데이터베이스화, 디지털 유산의 인터랙션으로 분류하여 연구하고 있다. 특히 디지털 라이브러리, 디지털 박물관, 각종 디지털 문화콘텐츠 등으로 다원화되고 있다.

우리나라 문화원형기술의 개념은 문화원형을 디지털화하고, 이를 문화콘텐츠 등으로 활용하는 기술로 보고 있는데, 교육과학기술부의 국가기술지도와 한국문화콘텐츠진흥원의 CT 중장기 발전계획안을 보면, 문화원형기술을 어떻게 정의하고 분류하고 있는가를 살펴볼 수 있다.

국가기술지도에서는 문화원형기술을 "문화공간 내에 존재하는 유형의 문화재와 문화 주체의 경험과 기억 속에 존재하는 무형의 문화재를 디지털 기술을 통해 가시화된 원형으로 복원하는 기술이자 디지털화된 문화원형을 이용한 디지털콘텐츠의 원천생성과 그것을 이용한 문화상품을 개발할 수 있도록 하는 분야의 기술"로 정의[18]하고 있다. 또한 문화원형기술을 문화원형 디지털화 기술, 문화원형 모델링 기술, 문화원형 재현기술로 분류하여 문화원형 디지털화 기술을 매장문화재, 유형문화재, 무형문화재의 디지털화 기술로 세부 분류하고 있다. 문화원형 모델링 기술은 디지털 측장자료를 모델링으로서 형상·석상·행위·음향·시나리오 등에 대한 통합 모델링, 유·무형의 문화원형에 대한 모델링으로 세부 분류하고 있다. 문화원형 재현기술은 훼손 문화재 복원, 존재하지 않은 것의 디지털 재현, 각종 미디어에 문화원형을 표현하기 위한 영상, 음향의 재현기술과 데이터 압축 및 전송기술, 디지털 박물관 등으로 세부 분류하고 있다.

한국문화콘텐츠진흥원의 CT 중장기 발전계획안에서 문화원형기술의 정의는 국가기술지도와 동일하다. 반면 문화원형기술의 기술을 좀 더 다각화하여 분류하고 있다. 내용을 살펴보면, 문화원형 발굴 및 복원기술, 문화원형 지식 및 정보의 관리 기술, 문화원형 체험기술로 분류하고 있다. 세부적인 내용으로 문화원형 발굴 및 복원 기술은 유적 및 문화재를

---

18) 안신현, "문화기술의 학문 분야로서 문화원형기술의 패러다임 분석", 한국과학기술원 석사학위논문, 2005, p.46 인용.

탐사, 발굴하고 유·무형문화재, 예능 민속을 기록, 디지털 자료로 복원하는 기술로서 유적·유물 탐사 및 발굴 기술, 유무형 문화재 디지털 복원기술, 예능민속 복원기술을 포함하고 있다. 문화원형 지식 및 정보 관리기술은 고문서를 비롯한 고고학, 역사학적 지식과 디지털로 복원된 문화원형 자료를 관련 지식기반으로 분류하고 있다. 그것을 데이터베이스화하여 관리함으로써, 여러 문화콘텐츠 제작에 활용될 수 있도록 기반을 마련하는 기술로서 지식기반 데이터 분류기술, 문화원형 데이터베이스화를 포함하고 있다. 문화원형기술은 문화원형의 디지털 자료와 관련 지식을 이용하여 다양한 미디어에서의 전시기술과 미디어 인터랙션 디자인, 디지털 커뮤니케이션 디자인 기술, 디지털미디어 박물관을 비롯한 다양한 콘텐츠를 기획·제작할 수 있도록 하는 기술로서 디지털미디어 박물관 제작기술, 응용 콘텐츠 기획 및 제작을 포함하고 있다.

　이러한 문화원형기술의 정의와 분류내용을 살펴보면, 공통적으로 문화원형을 정보로서 디지털화digitizing, 디지털화된 문화원형을 다시 데이터베이스화하는 지식화archiving, 기술매체를 활용하여 다양한 목적에 맞게 OSMU화할 수 있는 체험화experiement 의 단계로 발전하는 것을 확인할 수 있다. CT 중장기 발전계획에서는 문화원형기술의 패러다임을 문화원형기술의 접근관심방식에 따라서 'digitizing', 'archiving', 'experiment'의 영역으로 구분하고 있다.

표 1-6 문화원형기술 접근관심방식의 영역[19]

구분	의미	내용	공통
디지타이징 (digitizing)	각종 문화원형을 자료화하기 위한 모델링, 스캐닝, 레코딩 등의 단계이다.	• 디지털화할 문화원형 선정 • 문화원형 과제의 디지털화의 목적 • 문화원형 데이터베이스화 • 유형문화유산의 원형성을 보존하는 디지털화 • 무형문화유산의 원형성을 보존하는 디지털화 • 기록문화유산의 학술적 자료로 디지털화 • 자연문화유산의 문화원형 디지털화 • 문화원형의 제작 프로세싱 및 기술 디지털화 • 과학기술의 학술적 연구과정 디지털화	• 미디어아트 등 하이브리드 디지털 유산의 기록 · 보존 • 인터넷 페이지 및 자료들을 수집 · 보존 • 문화원형 데이터의 효율 · 안정적 저장 · 유지 · 관리 • 각 문화원형의 메타 데이터 표준화
아카이빙 (archiving)	아날로그 및 디지털 문화원형을 기록 · 보존 · 활용하는 것으로 디지털 기술을 문화원형 전체나 부분을 재현하는 등 문화원형 복원에 이용하는 단계이다.	• 디지털 라이브러리 구축 프로그램 개발 • 디지털 라이브러리/아카이브 시스템 디자인 • 디지털 라이브러리 유저 욕구 파악 • 문화원형 데이터 내부요소 간의 인터랙션 • 문화원형 데이터 간의 인터랙션 • 문화원형의 학술적 활용의 멀티화 • 다양한 형태의 문화원형 데이터 검색 시스템 구축	

19) 안신현(2005), 앞의 논문, p.66~67쪽 표 재구성.

(계속)

구 분	의 미	내 용	공 통
엑스페리먼트 (experiment)	정보통신 기술, 디지털 기술을 이용하여 일상생활과 사이버상에서 문화원형의 체험효과를 증강시키고자 다양한 문화콘텐츠로 멀티화하는 단계이다.	• 디지털 문화원형을 문화콘텐츠에 응용 • 디지털 문화원형을 전시관 체험에 응용 • 디지털 문화원형의 다양한 플랫폼에서의 체험을 디자인·제작	• 문화원형 데이터의 불법접근 및 변형 방지

　문화원형의 경쟁력에 관한 요소는 문화상품화에 관련된 것으로 문화콘텐츠의 OSMU 마케팅 전략에 따라 다양한 문화콘텐츠 산업 장르인 영화·음반·게임·출판물·방송영상물·만화·캐릭터·애니메이션·공연 등의 문화상품으로서 파생될 수 있는 활용도를 판단하는 것이다. 문화원형이 경쟁력을 갖추는 것은 소재 발굴에서부터 창의력과 상상력으로 문화원형을 문화콘텐츠화하는 제작·유통까지 모두 포괄하는 요소인 동시에 소비자에게 취향과 콘텐츠의 보편성 및 차별성도 염두해야 한다. 그래서 문화원형콘텐츠의 개발에 있어서 독창적이고 경쟁력 있는 창작소재의 발굴을 비롯하여 문화원형콘텐츠의 유통기반 조성 및 활성화를 위한 전략, 문화원형콘텐츠의 저작권 관리체계 확립 및 창작역량 확대를 위한 인프라 구축 및 유통 시스템 구축이 필요하다. 예를 들어, 〈바람의 나라〉는 문화원형으로서 호동왕자와 낙랑공주, 그리고 고구려 대무신왕 무휼에 관한 삼국사기의 기록과 설화를 문화콘텐츠로 개발하여 성

공을 거둔 대표적인 사례라고 할 수 있다. 삼국사기의 고구려 편에 기록된 호동왕자와 낙랑공주, 대무신왕 무휼에 관한 기록을 김진이 〈바람의 나라〉라는 만화로 창작하여 다시 게임회사인 ㈜넥슨에서 세계 최초의 그래픽 인터넷 게임으로 개발하여 성공을 거두고, 공연으로서 뮤지컬로 제작되고 다시 TV드라마로 제작되었다. 이 사례는 문화원형의 소재 발굴에서 차별성과 독창성으로 소재를 발굴하여 문화원형기술로서 역사적·문화적 바탕에서 얻어낸 원천소스에서 기본적인 구조를 차용해 현대적 의미로 재가공하는 스토리텔링의 창의력과 상상력이 뛰어났다고 평가할 수 있다. 또한 유통의 구조로서 대중적인 문화산업매체 만화·게임·뮤지컬·TV드라마로 파급되어 상업적 성공을 거둘 수 있었다.

그림 1-16 만화 '바람의 나라'

그림 1-17 게임 '바람의 나라'

그림 1-18 뮤지컬 '바람의 나라'

그림 1-19 ▶ TV드라마 '바람의 나라'

2) 우리 문화원형의 디지털콘텐츠화 사업 사례

한국의 문화콘텐츠 산업의 육성을 위해서 설립된 한국문화콘텐츠진흥원은 2002년부터 '우리 문화원형의 디지털콘텐츠화 사업'을 시행하여 2009

년 현재까지 시행하고 있다. 2002년부터 우리 문화원형 디지털콘텐츠화 사업을 통해서 그 동안 400여 개 과제가 개발되었고, 성공적인 사례로서 〈왕의 남자〉, 〈별순검〉, 〈신기전〉 등이 문화산업적으로 활용되어 높은 경제적 부가가치를 창출하였다. 2002년부터 2008까지 한국문화콘텐츠진흥원의 〈우리 문화원형의 디지털콘텐츠화 사업〉을 살펴보면, 우리 문화원형의 종류와 그것이 어떻게 문화콘텐츠로 개발될 수 있는지를 파악할 수 있다.

표 1-7 2002~2008년 문화원형 선정과제 목록[20]

분류		통시대	고대(선사~남북국)	고려	조선	근현대	가상시공간	글로벌
이야기형	구비문학	• 신화의 섬-제주 • 백두산 • 불교설화 • 금강산 • 설화인물유형 • 호랑이	• 연오랑 세오녀 • 고대국가건국설화 • 처용설화			• 바리공주 • 도깨비 • 인귀설화 • 신화의 나라	• 바다 속 상상세계 • 한국정령 연구	• 신화원형 (산해경)
	기록문학	• 한국 감성 소재	• 왕오천축국전 • 삼국유사		• 조선 시대 대하소설 • 표해록 • 유산기	• 야담		• 태평광기
	정치경제생업	• 수렵 • 정변 • 한강 생활 문화			• 암행어사 • 조선 상업활동 • 흠휼전칙, 형구 • 유배문화	• 독립신문, 만민공동회 • 어로 • 낙동강 나루, 주막 • 개항시대 인천 항구 • 구한말 정동		
	종교신앙	• 오방대제 • 부적 • 강릉단오제 • 운주사			• 성신앙	• 굿 • 당제 • 승려	• 천년고택 시나락	
	인물(남/여)	• 선덕여왕 • 신라화랑 • 삼국사기 역사인물	• 고려사 인물유형 • 고려 여인	• 조선 기녀 • 궁중여성	• 신여성 • 근대 기생 • 최승희			
디자인형	회화		• 고구려 고분벽화	• 탱화	• 전통민화 • 풍속화 • 감로탱			

---

20) 한국문화콘텐츠진흥원 「문화원형 과제」, 2008, p.24.

(계속)

	분류	통시대	고대(선사~남북국)	고려	조선	근현대	가상시공간	글로벌
디자인형	"		"	"	• 동물화, 동물 아이콘 • 기산풍속도 • 탐라순력도			
	미술공예	• 범종, 불진 사물 • 하회탈 • 금속공예 • 장승	• 암각화 • 한국석탑 • 백제 금동향로		• 전통색채 • 고문서 디지털폰트 • 사수문양 • 길상 이미지 • 궁중문양 • 전통가구 • 능화문 • 도자문화 원형 • 수미단	• 단청문양 • 서예가 서체		
	음악			• 고려가요	• 산조 • 국악기음원 • 종묘제례악 • 국악선율배경음악 • 악학궤범 • 국악장단 • 전통음악음성원형 • 정간보	• 소리은행 • 백두대간 음악원형 • 아리랑 • 근대 음악원형		
	군사외교	• 전투원형 • 산성원형 • 궁술 • 첩보활동	• 실크로드 • 발해 • 大백제	• 삼별초 • 로켓주화와 • 화약무기	• 전통무기, 몬스터 원천소스 • 진법 • 국왕경호 체계 • 조선통신사 • 무예, 무과시험 • 수영, 군영사 • 암호, 신호 체계			

(계속)

분류		통시대	고대(선사~남북국)	고려	조선	근현대	가상시공간	글로벌
디자인형		〃	〃	〃	• 역관 • 수영, 군영사 • 암호, 신호체계 • 역관			
	의(복식)	• 전통머리모양		• 고려복식	• 복식원형 • 전통장신구			
	식(음식)	• 술문화			• 조선 조리서	• 명월관		• 와인문화
	주(건축)	• 전통건축물 구성요소 • 사찰건축 • 전통목조건축 • 전통다리		• 고려시대 주거공간	• 전통건축 • 전통한옥 • 궁궐조경 • 정원, 정자	• 근대 극장		• 앙코르와트
정보자료형	과학기술(의약)	• 도량형 • 24절기			• 검안기록 • 과학문화유산 • 옛 의서	• 근대병원		
	교통통신지리	• 해상선박, 해전 • 독도 • 뱃길(수상교통)			• 한성도성복원 • 전통 한선 • 대동여지도 • 옛길문화 • 전통팔경 • 서울근대공간	• 간이역		
	천문·풍수(우주관)	• 풍수지리			• 토정비결 • 한국천문, 별자리		• 저승세계	
	의례	• 죽음전통의례	• 고인돌	• 팔관회	• 화성의궤 • 궁중의례 • 궁궐의례 • 전통가례			

(계속)

분류		통시대	고대(선사~남북국)	고려	조선	근현대	가상시공간	글로벌
정보자료형	놀이연희	• 전통놀이			• 탈 • 남사당 • 줄타기 • 효명세자, 춘앵전	• 무형문화재 춤 • 전통놀이 춤 • 전래동요		
	문화일반	• 얼굴유형 • 무궁화	• 땅별지기		• 아동교육 • 여항문화	• 택견 • 러시아 이주사 • 근대 한국 문화 • 택견 8마당		

표 1-8 ▶ 2002~2008년 한국문화콘텐츠진흥원 문화원형 과제[21]

2002년 1차 과제		
과제명	**내 용**	**주관기관**
우리 음악의 원형 산조 이야기	거문고, 가야금, 대금, 아쟁, 해금, 피리와 산조 등 우리 문화원형 콘텐츠를 대상으로 연주소리와 악기의 기원을 녹음하고, 인물, 장소, 악기, 연주, 벽화, 그림, 자료 등을 텍스트와 스틸사진, 동영상으로 제작	㈜국악중심
한국 신화 원형의 개발	동이민족의 원형인 〈산해경(山海經)〉을 기초로 하여 국내 역사유물 등에서 나타나는 〈산해경〉의 신화적 요소를 찾아 50개의 시나리오로 재구성하고 이와 관련한 캐릭터를 2D, 3D로 제작	㈜동아시테크
한국 전통건축, 그 안에 있는 장소들의 특성에 관한 콘텐츠 개발	현존하는 한국 전통건축물 중 대표적인 30채(가옥 10채, 서원 20채)를 선정하여 그들 건축물 안에 있는 장소들의 특성을 찾아 애니메이션, 만화, 2D, 3D, 다이어그램, 텍스트 등 다양한 미디어로 재구성	㈜하우스세이버

---

21) 한국문화콘텐츠진흥원「문화원형 과제」, 2008, pp. 25~30.

(계속)

과제명	내 용	주관기관
온라인 RPG 게임을 위한 한국 전통무기 및 몬스터 원천 소스 개발	〈무예도보통지〉, 〈국조오례서례〉 등의 사료에 소개된 전통무기와 한국 설화나 유물에 그려진 한국형 몬스터의 콘텐츠를 토대로 한국 전통무기를 3D 동영상으로 구현하고 유물의 전통문양에 새겨진 한국형 몬스터를 DB화하며 동시에 3D 동영상 캐릭터 작업화	히스토피아
조선시대 검안기록을 재구성한 수사기록물 문화콘텐츠 개발	조선시대 531종의 검안(檢案)기록과 〈증수무원록〉 등의 법의학 관련 자료 및 사건 관련 상세 스토리를 현대어로 번역, 문화콘텐츠 관련 산업의 시나리오 창작소재로 제공	㈜엠에이컴
신화의 섬, 디지털 제주 21 : 제주도 신화전설을 소재로 한 디지털콘텐츠 개발	제주도의 설화를 DB로 구축하고, 애니메이션용·캐릭터용·게임용·인터넷콘텐츠용·모바일서비스용 등으로 구분하여 텍스트, 사진, 동영상/오디오 자료로 제공	㈜서울시스템
애니메이션 요소별 배경을 위한 전통건축물 구성요소 라이브러리 개발	전통건축물을 구성하고 있는 다양한 요소와 건축물 사진을 대상으로 해당분야 전문가가 소장하고 있는 사진을 활용하여 시대별·지역별·용도별·요소별로 구분 및 패턴화하고, 1차적인 해석을 가한 콘텐츠를 개발	㈜한국예술정보
화성의궤 이야기	조선시대 왕실 의전행사인 〈화성성역의궤〉 및 〈원행을묘정리의궤〉를 대상으로 행차, 화성건설, 정조의 3개 축을 시공간을 넘드는 스토리텔링 기법으로 재조명하며, 여기에 포함된 풍부한 의상, 무기, 풍속 등에 관한 자료를 웹기반 데이터로 디지털화	㈜포스트미디어
고려시대 전통복식 문화원형 디자인 개발 및 3D 제작을 통한 디지털 복원	고려시대 관복, 사대부 복식, 아동 복식, 비빈 및 시녀 복식, 악공 및 무공 복식, 평서민 복식 등 종합적인 복식 관련 자료를 2D, 3D 디지털콘텐츠로 개발	㈜드림한스
문화원형 관련 복식 디지털콘텐츠 개발	한국의 복식을 대상으로 하여 복식, 공예품, 민속/생활용품 전반에 나타난 문양 및 색채의 특성을 비교/분석 및 재해석하여 디지털콘텐츠화	이화여대 섬유패션디자인센터

(계속)

과제명	내용	주관기관
문화원형 관련 복식 디지털콘텐츠 개발	한국의 복식을 대상으로 하여 복식, 공예품, 민속/생활용품 전반에 나타난 문양 및 색채의 특성을 비교/분석 및 재해석하여 디지털콘텐츠화	이화여대 섬유패션디자인센터
전통놀이 원형의 디지털 콘텐츠 제작	한국의 전통놀이 및 민속놀이를 대상으로, 관련 자료의 고증/원본자료수집/놀이별 콘텐츠기획을 통해 전통놀이를 현대적 관점에서 재조명하여 콘텐츠화	㈜아툰즈
한민족 전투원형 콘텐츠 개발	유시 이래 근대까지 한민족의 진투 및 내외항생에서 치른 전투와 관련된 인물, 유물, 유적을 대상으로 자체 보유자료 정리, 현지답사 촬영, 전문가 감수를 통해 텍스트(전투상황 시나리오), 사진(유물, 유적지), 도면(지형도, 구조도), 일러스트, 애니메이션(전투상황, 무기류), 동영상 등을 개발	다할미디어
한국의 소리은행 개발 -전통문화소재, 한국의 소리	한국 민속문화에 등장하는 소리, 설화에 등장하는 동물/자연물의 소리, 구전민요에 등장하는 인간의 소리를 대상으로 기 보유하고 있는 자료를 문화산업별의 기본소재로 재구성하여 디지털콘텐츠화	코리아루트

2002년 2차 과제		
과제명	**내용**	**주관기관**
조선시대 대하소설을 통한 시나리오 창작소재 및 시각자료 개발	조선시대 '대하소설' 및 '풍속사' 18개 작품을 대상으로 소설의 단위담, 에피소드, 인물/배경 등을 유형별로 추출하여 현대적으로 재구성하고, 관련 기록, 삽화, 물목(物目) 등을 디지털로 구현하여 한국 고유 정서에 기반한 콘텐츠 창작소재 개발	㈜엔브레인
고려 '팔관회'의 국제 박람회 요소를 소재로 한 디지털콘텐츠 개발	고려 '팔관회'의 정치/외교, 문화/종교, 무역 등의 특성을 재해석하고 시각적 요소를 복원하여 문화산업(게임)의 시나리오 창작소재 개발	㈜투알앤디
게임/만화/애니매이션 및 아동 출판물 창작소재로서의 암행어사 기록 복원 및 콘텐츠 제작	조선시대 정조~한일합방 이전까지 왕실 기록 중 암행어사 공식보고서인 〈일성록〉, 〈수의록〉, 〈서계집록〉 등 현존하는 11개 암행어사 관련 문헌의 주요 사건을 디지털콘텐츠화	㈜레디소프트

(계속)

과제명	내용	주관기관
만봉스님 단청문양의 디지털화를 통한 산업적 활용방안 연구 개발	중요무형문화재 제48호로 지정되어 있는 만봉스님의 사찰단청 작품 및 만봉스님이 보유하고 있는 사찰단청 8,000점 중 문양 위주의 단청과 관련된 이야기, 기법 및 종류 등에 대해 설명하고, 관련 작품 선별 및 체계적인 분류를 통한 이미지 파일 및 문양 파일로 일러스트화 개발	㈜엔알케이
오방대제와 한국 신들의 원형 및 인물 유형 콘텐츠 개발	우리 고유의 신인 오방대제 및 그 외의 한국의 신들을 음양오행이나 사상과 같은 동양적 사고의 토대 위에서 분류 및 의미부여를 위하여 〈오제본기〉를 중심으로 각 신들의 계보 및 형상을 음양오행과 사상에 기초하여 고증 및 재구성	국민서관㈜
사이버 전통 한옥 마을 세트 개발	고건축물이 가장 많이 남아 있고, 다양한 스토리 개발이 가능한 조선시대 중후기, 양반과 상민의 생활공간으로 가장 많이 거주했던 산악지방 동성 마을을 기준으로 구성하여 중요 건축, 가옥 구조물의 복원 및 표준모델 및 개별 모델별 스토리보드 등(총 105종 모델) 개발	㈜여금
진법 자료의 해석 및 재구성을 통한 조선시대 전투전술교본의 시각적 재현	진법운용의 재구성을 통해 조선시대 전쟁 양상을 가장 구체적으로 밝혀 전쟁 관련 문화콘텐츠에 구체성과 실제감을 불어넣을 수 있는 진법 문화원형(조선시대 병서 50종에 기록된 자료 및 부가자료 중심) 개발	㈜창과창
국악기 음원과 표준 인터페이스를 기초로 한 한국형 시퀀싱 프로그램 개발	정간보와 오선보의 변환이 가능하며 국악의 기보법에 맞는 시퀀싱 프로그램 개발과 전자악기의 표준 전송규격인 MIDI와 호환이 되면서도 국악의 특성을 반영한 독자적인 인터페이스 체계를 설계하여 향후 국악 전자악기 프로그램 제시	춘천교육대학교
선사에서 조선까지 해상 선박과 항로, 해전의 원형 디지털 복원	선사시대에서 조선시대에 이르는 전통 일반 선박 및 군선, 무역활동과 해전, 군선 탑재 무기, 선단 및 진구성도, 전선 승선원 구성도, 선박 세부 구성요소 등을 망라한 총 97점에 대한 디지털 복원 및 3D 시뮬레이션 개발	㈜코리아 비주얼스

(계속)

과제명	내용	주관기관
조선 후기 한양도성의 복원을 통한 디지털 생활사 콘텐츠 개발	궁궐, 운종가, 육조거리, 북촌, 칠패거리 등 5개 공간의 공간에 얽힌 이야기, 삶의 모습, 역사의 현장 등 조선 후기 한양도성을 디지털 복원 및 그 속에 살던 사람들의 삶의 원형을 복원	㈜엔포디
조선왕실 축제의 상징 이미지 디자인 및 전통색채 디지털콘텐츠 개발	영조 〈정순후가례도감〉과 정조 〈원행을묘정리의궤〉에 나타난 조선시대의 민속, 전통의상, 각종 기물 등의 분석을 통해 우리 민족 고유의 디자인 상징 이미지 기반를 세시하고, 선통색채 중심의 문화원형 개발, 전통색채 디지털 팔레트를 개발	이화여대 색채디자인연구소
조선시대 국왕 경호체제 및 도성 방위체제에 관한 디지털콘텐츠 개발	조선시대의 국왕 경호체제라는 독특하고 흥미로운 소재와 정치, 군사, 문화의 중심지였던 궁궐과 도성(한양) 방위체제의 전반적 유무형 요소의 운영과 변화 및 특징, 그리고 한양성의 건축적 자료를 정리 개발	㈜디자인 스톰
고구려·백제의 실크로드 개척사 및 실크로드 관련 전투양식, 무기류, 건축, 복식 디지털 복원	실크로드를 개척한 고선지 장군(고구려계)과 흑치상지(백제계)의 행적과 고구려·백제 및 실크로드 각 민족의 전투양식, 무기류, 건축기술, 생활도구, 복식 등 개발	㈜하트 코리아
〈토정비결〉에 나타난 한국인의 전통서민 생활규범 문화원형을 시각콘텐츠로 구현	〈토정비결〉의 144괘를 전통 민화의 이미지와 연계하여 전통생활 규범과 교육적 성격을 부각하고, 특히 민화에 표현된 이미지를 〈토정비결〉의 내용과 결합하여 인터넷, 모바일, 캐릭터 등 다양한 형식으로 응용 가능하도록 구성	㈜예스필
한국 불화(탱화)에 등장하는 인물 캐릭터 소재 개발	한국 불화(탱화)에 등장하는 인물들을 그룹 요소별로 래스터 이미지, 2D·3D 캐릭터 및 캐릭터를 활용한 플래시 애니메이션으로 개발하여 DB화함	호남대학교
전통민화의 디지털화 및 원형 소재 콘텐츠 개발	전통민화의 내용에 따라 대표적 민화 70점을 선별하여 2D 이미지화하고 각 민화의 구성요소를 동물, 조류, 곤충류, 어패류, 식물, 자연, 기물 등의 분류로 추출 3D 캐릭터로 개발함	중앙대학교 문화산업연구소
전통 한선(韓船) 라이브러리 개발 및 3D 제작을 통한 디지털 복원	전통 한선(韓船)을 대상으로 한선의 제원/특징 라이브러리/한선의 이미지 라이브러리/한선의 운동 시뮬레이션을 개발하고 3D 제작을 함.	㈜소프트엔터

(계속)

과제명	내 용	주관기관
대동여지도와 대동지지의 3D 디지털아카이브 개발	김정호의 〈대동여지도〉를 대상으로 GIS기술과 VR기술을 응용해 조선시대 지형지물의 실사 축쇄모형을 입체적으로 재현하고 〈대동지지〉 32권 15책의 전 항목 정보를 한글화하여 대동여지도의 개별 지형지물에 적용함으로써 조선시대 지형지물의 정보탱크를 구축	동방미디어㈜
고문서 및 전통문양의 디지털 폰트 개발	각종 고문서의 다양한 붓글씨, 비문, 서한 등을 디지털 서체화하고, 백범 김구선생, 안중근 의사, 한석봉 선생 등의 서체를 디지털 재현 및 한국 고유 전통문양을 그림 폰트로 개발	
한국 풍속화의 문화원형 디지털콘텐츠 개발	우리 삶의 진수와 전통사회의 시대상을 보여주는 한국 풍속화 525점을 선정하여 인물과 배경 등의 그림 속 구성요소를 문화산업계에서 활용할 수 있도록 인물 캐릭터, 배경도구, 이야기 시나리오, 2D/3D 등으로 재구성하여 디지털콘텐츠 개발	

2002년 3차 과제		
과제명	내 용	주관기관
전통 자수문양의 디지털콘텐츠 개발	국립민속박물관 소장 유물 중 골무, 베겟모, 흉배 등과 같은 유물에 나타난 자수문양을 채취하여 문화산업에서 다양하게 응용이 가능하도록 문양 도안 및 문양 전개 개발	국립민속박물관
종묘제례악의 디지털콘텐츠화	600년 전통의 '종묘제례악'을, 공간인 '종묘'와 의식인 '종묘제례', 그리고 '종묘제례악'을 중심으로 하여, 관련 원천자료 재구성, 악기 및 복식 등의 그래픽, 음원이나 움직임 등의 동영상, 사운드 등 포괄적이고 다양한 내용 개발 제공	국립국악원
서사무가 '바리공주'의 하이퍼텍스트 만들기 및 그 샘플링 개발	우리의 전통 서사무가인 '바리공주'를 게임, 애니메이션 등의 문화콘텐츠 산업의 인프라로 다양하게 활용될 수 있는 다중 디지털구조 시나리오로 개발하고, 주 유저인 콘텐츠 개발자의 작업공정을 효율적으로 단축시킬 수 있는 시나리오 에디팅 툴 개발	한국예술종합학교

(계속)

과제명	내 용	주관기관
〈삼국유사〉 민간설화의 창작공연 및 디지털 콘텐츠화 사업(연오랑과 세오녀)	〈삼국유사〉에 기록된 우리나라 최초의 해와 달을 소재로 한 민간설화인 '연오랑과 세오녀'를 현대적 시나리오 소재로 제공될 수 있도록 스토리보드를 제공하고, 배경이나 의상 등의 당시 사회상을 다양한 멀티미디어 기술을 활용하여 동영상 등으로 제공	정동극장
탈의 다차원적 접근을 통한 인물유형 캐릭터 개발	한국의 대표적 전통탈춤인 봉산탈춤, 수영들놀음, 고성오광대와 천재동, 이석금의 창작탈을 대상으로, 탈 및 탈춤의 3D 스캐닝 및 모션캡쳐를 통한 3D 캐릭터의 소재화 및 동작 소스화 등의 개발	민족미학연구소
우리 문화 흔적들의 연구를 통한 조선통신사의 완벽 복원	한일 양국 문화교류의 중심이었던 '조선통신사' 8회차의 행사, 행렬, 배경 등을 재현 고증하여 제공하고, 관련 자료 및 주제별 에피소드의 멀티미디어 구성, 행렬 및 배경지역 VR 제공 및 사용자의 직접 재구성이 가능하도록 설계하여 다양한 흥미 요소 제공	한빛문화기획자개발원

2003년 1차 자유공모 과제		
과제명	내 용	주관기관
근대적 유통경제의 원형을 찾아서 - 조선 후기(17~19C) 상인과 그들의 상업활동을 통한 경영·경제 시나리오 소재 DB 개발 -	『조선왕조실록(朝鮮王朝實錄)』, 『비변사등록(備邊司謄錄)』, 『일성록(日省錄)』, 『속대전(續大典)』 등 1차 사료 25종에 기록된 역사적 사실, 조선 후기 문학작품에 반영된 역사적 사례에서 발굴/분류한 조선 후기(17~19C) 상인과 그들의 상업활동을 근거로 한 경영/경제에 관한 시나리오 소재 개발	세종대학교 만화애니메이션 연구소
한국 천문, 우리 하늘 우리 별자리 디지털 문화콘텐츠 개발	별자리를 우리의 시각에서 조망하여, 『천상열차분야지도』 등의 옛 천문 관련 서적에 나타난 관측기록을 토대로 선조들의 시각을 반영한 천문도를 3D로 재구성하고, 별자리에 얽힌 설화, 고소설, 역사적 관련 사건을 발굴 및 재구성하여 영화·방송·인터넷·모바일·게임 등에서 사용가능하도록 디지털 콘텐츠화	㈜씨퀀스 엔터테인먼트

(계속)

과제명	내 용	주관기관
한국 무예의 원형 및 무과시험 복원을 통한 디지털콘텐츠 개발	무예도보통지의 24반 무예 및 관련 조선시대 무과시험을 대상으로, 무예 3D 모션 제작, 무사 캐릭터 개발, 무예기반의 무과시험 재현 등을 통해 24반 무예에 대한 텍스트 해석자료, 무예모션데이터, 무사캐릭터(2D/3D), 무과시험 시나리오(텍스트/그래픽), 무과시험 애니메이션(동영상) 등의 디지털콘텐츠 제공	영진전문대학
게임 제작을 위한 문화원형 감로탱의 디지털 가공	현존하는 감로탱(불교회화의 일종)을 대상으로, 실사 촬영 및 적외선 카메라 촬영을 통해 디지털화하고 인물, 동물, 소품, 문양, 이야기, 기타 각종 장면 등을 추출하여 2D 개발, 게임용 3D 모델 제작, 각종 문양 제작 및 디지털콘텐츠화	한서대학교 애니메이션영상 연구센터
국악선율의 원형을 이용한 멀티 서라운드 주제곡 및 배경음악 개발	전통음악에서 사용되는 선율 및 음색, 형식, 짜임새의 원형(조선조 이후)을 현대의 문화산업에 맞게 편곡(arrange), 변주(variation), 디지털화(sampling), 변조(digital signal process)하여 게임 및 영화, 드라마 주제곡(title song) 및 배경음악(background music)으로 사용할 수 있도록 데이터베이스화하며, 게임과 애니메이션을 위한 국악적인 오디오 효과음 개발	㈜세인트뮤직
한국의 고인돌 문화콘텐츠 개발	고인돌 및 거석문화를 6개 아이템(거석문화와 고인돌, 고인돌 이야기, 고인돌 축조, 그 당시 사람들, 그곳의 고인돌, 다른 나라의 고인돌)으로 분류하고, 6개 아이템의 특성을 살려 고인돌, 도구 및 배경, 인물, 건축물, 이미지 및 해설 등을 텍스트, 이미지, 2D, 3D, 동영상, 플래시 애니메이션 등 각각의 멀티미디어 콘텐츠로 개발	㈜김포캐릭터월드
조선시대 상인(商人) 활동에 나타난 '한국 상업사 문화원형'의 시각 콘텐츠 구현	조선시대 대표적 5대 상인의 조직, 상거래, 도구, 활동무대, 놀이와 의식을 대상으로 풍속화 및 사진자료 등을 통한 2D/3D와 캐릭터, 가상체험관(VR) '장터', 기타 연구논저 및 참고자료를 통한 텍스트 등을 디지털콘텐츠화 개발, 제공	㈜시스윌
조선시대 조리서에 나타난 식문화원형 콘텐츠 개발	조선시대 조리서 12종에 수록된 음식, 식품재료, 도구, 조리조작법, 음식유래담을 대상으로 원문과 번역문, 재현음식의 동영상, 조리도구의 이미지 및 사	㈜토스코리아

(계속)

과제명	내 용	주관기관
	용법, 상차림 위저드 서비스 등 멀티미디어 형태의 조선시대 음식문화를 웹 서비스 형태로 구축 제공	
「악학궤범」을 중심으로 한 조선시대 공연문화 콘텐츠 개발	「악학궤범」에 전하는 전통악기와 춤, 연주절차, 복식, 악보와 가사 등을 디지털화하여 사진, 현대화된 텍스트(악보), 샘플링(음원), 2D/3D 모션, 플래시 애니메이션 등으로 개발하여 조선시대 공연문화를 멀티미디어콘텐츠로 제공	㈜프라스 프로덕션
한국 미술에 나타난 길상 이미지 콘텐츠 개발	길상의 의미를 가진 한국의 전통미술을 대상으로, 특히 회화, 조각, 공예, 건축 가운데 약 450종을 선별하여, 소재별, 상징적 의미별로 구분하고, 길상이 갖는 의미를 이미지 언어로 개발하며, 길상 이미지를 캡쳐하여 2D/3D 등의 멀티미디어 콘텐츠로 개발	㈜골든벨 애니메이션

2003년 2차 자유공모 과제		
과제명	내 용	주관기관
조선시대 기녀 문화의 디지털콘텐츠 개발	우리나라 양반의 향유문화이면서 서민 생활의 중요한 부분인 조선시대 기녀 문화를 그림, 유적지, 구전 및 기록자료를 바탕으로 디지털화하고 재구성하여, 조선시대 기녀 자료에 대한 분류 및 포털 사이트 서비스, 기녀에 대한 대표적 스토리를 디지털 각색한 엔터테인먼트, 아바타 등의 부가가치 서비스 개발	한국방송통신 대학교
한국 도깨비 캐릭터 이미지 콘텐츠 개발과 시나리오 제재 유형 개발	한국 설화 원형에 충실하게 도깨비를 분석하여 도깨비의 형상/성격/행위에 대한 유형화 및 분류체계를 구축하고, 서사 진행의 일반적 규칙과 분류체계를 축으로 도깨비 시나리오 매트릭스 구성 및 시나리오 제재 유형 개발, 도깨비 캐릭터 콘텐츠 구축 및 캐릭터별 근거자료(텍스트, 이미지) 제시	㈜네오그라프
문화원형 관련 동물 아이콘 체계 구축 및 고유복식 착장 의인화(擬人化) 소스 개발(조선시대 동물화(動物畵)에 근거하여)	조선시대 동물화를 대상으로 조선시대 주요 화제(畵題)가 되는 동물의 종(種)/색채/질감/형태/세부사항 등 다양한 분류기준에 의한 동물 아이콘 체계를 구축하고, 고유복식 착장을 통한 동물 아이콘의 의인화(擬人化) 소스 개발 및 구축된 동물 아이콘 체계에 근거한 뮤턴트(mutant) 캐릭터 모델 사례 제시	이화여자대학교 섬유 · 패션디자인센터

(계속)

과제명	내 용	주관기관
사찰건축 디지털 세트 개발	사찰건축을 중심으로, 문, 대웅전 등의 불전, 요사채 등의 부속건물, 각종 탑 및 석조물, 범종을 포함하는 가람을 범위로 하여, 문화산업 영역에서 활용될 수 있도록 세트 개념을 적용하여 3D 모델링, 애니메이션, VR, 멀티미디어 북 등 개발	㈜여금
조선왕조 궁중통과의례 문화원형의 디지털 복원(국상의례, 가례원형을 중심으로 한 디지털콘텐츠 개발)	의궤, 조선왕조실록, 오례의, 속오례의 등 사료와 조선말 고종황제가례, 순종황제국상 등 왕실과 관련된 사진 등 역사적 사실에 근거하여 궁중통과의례(관혼상제)에 등장하는 인물, 의례요소(복식, 음식, 액세서리, 기타 물품)와 국상의례를 2D, 3D 및 VR로 재현하고, 관련 내용 텍스트 제공	국민대학교 한국학연구소
죽음의 전통의례와 상징세계의 디지털콘텐츠 개발	한국 전통상장례(매장, 화장, 수장, 풍장, 세골장)와 상징세계, 상장례 용품 및 부장품 관련 문헌자료와 이미지 자료를 문화콘텐츠 창작소재 콘텐츠(flash animation, 3D 모델링, 3D virtual reality, 동영상, 오디오 자료)로 개발	히스토피아㈜
문화산업 창작소재로서의 신라 화랑 콘텐츠 개발	삼국사기, 삼국유사, 화랑세기, 금석문 등에 기초하여, 6세기에서 8세기의 화랑관련 인물/사건/생활사 라이브러리를 개발하고, 캐릭터, 세트, 시놉시스 등 one source multi use가 가능한 다양한 화랑 콘텐츠를 개발	㈜엠디에이치

2003년 지정과제		
과제명	내 용	주관기관
국악 장단 디지털콘텐츠화 개발	산조, 민속악, 농악, 무악, 가사, 시조, 정재무 등의 영역으로 장단을 세분화하여 분류하고, 음악의 작·편곡에 음원으로 활용될 수 있도록 디지털콘텐츠화하고, 각 장단에 대한 다양한 설명자료(텍스트, 동영상, 악보 등)의 개발 제공	단국대학교
부적의 디지털콘텐츠화 개발	부적 관련 전문가들로부터 원천자료를 수집·구성·분류하여 DB를 구축하고, 내용적/디자인적 요소를 현대적 감각에 맞게 재구성하여 텍스트, 사진, 그래픽(2D, 3D 등), 3D 모델링, 동영상 등의 멀티미디어로 개발 및 부적 관련 스토리 발굴 제공	㈜코리아비주얼스

(계속)

과제명	내 용	주관기관
중국 문화원형에 기반한 문화콘텐츠 창작소재 개발 지원	중국 최초의 집대성 문학집인 『태평광기(太平廣記)』를 통해 콘텐츠 산업에 적용할 중국 및 동아시아 판타지콘텐츠의 시놉시스 및 캐릭터를 개발하여, 애니메이션 및 엔터테인먼트 소재로 제공	한국문화콘텐츠진흥원(애니메이션 사업팀)
궁중문양의 디지털콘텐츠 개발	궁중유물 전시관 소장 유물 중 복식과 장신구, 공예, 노부류 등에 나타난 동물문, 식물문, 자연문, 길상문, 기하문 등 각종 문양을 체계적으로 수집, 분류, 정리하여 현대적 디자인 응용이 가능한 2D, 3D 형태의 문양으로 도안 및 전개 개발	궁중유물전시관
현대 한국 대표 서예가의 한글 서체를 컴퓨터 글자체로 개발	'궁체', '판본체', '민체' 등의 다양한 서예작품을 대상으로, 한국을 대표하는 한글 서예가들의 글꼴을 디지털 서체로 개발하여 대중화함으로써 인쇄 및 영상용 글꼴로 활용하고, 미술, 서예 등의 교육용 교본으로도 제공	(사)세종대왕기념사업회

2004년 자유공모 과제		
과제명	내 용	주관기관
유랑예인집단남사당문화의 디지털콘텐츠화 사업	조선 말 민중의 삶을 대변하던 유랑예인집단 남사당의 문화를, 남사당 놀이문화에 포함된 유희 동작을 위주로 하여 음원, 복식, 문양 등 각종 요소를 디지털콘텐츠화하여 문화 전반적인 다양한 분야에 재활용할 수 있도록 구성함	㈜디파인
한국 전통 목조건축부재별 조합에 따른 3차원 디지털콘텐츠 개발	한국 전통 목조건축의 구성 부재(기단, 초석, 기둥, 가구, 공포, 창호, 지붕가구, 지붕 등) 등을 부재별 조립과정, 부재별 및 용도별로 설명하고 3D 모델 DB 구축(상세 모델, Mass 모델, 부재별 모델) 및 가상체험 서비스를 구축함	명지전문대학산학협력단
한국 석탑의 문화원형을 이용한 디지털콘텐츠 개발	익산의 미륵사지 석탑을 위시하여 분황사 모전석탑, 정림사지 5층 석탑, 의성 탑리 석탑, 고선사지 3층 석탑, 감은사지 3층 석탑, 석가탑, 다보탑, 화엄사 4사자 3층 석탑, 왕궁리 5층 석탑 등 한국의 대표적인 10개 석탑 개발	전남대학교문화예술특성화사업단

(계속)

과제명	내용	주관기관
조선시대 『흠휼전칙(欽恤典則)』에 의한 형구(形具) 복원과 刑執行 사례의 디지털콘텐츠 개발	조선시대 『흠휼전칙(欽恤典則)』, 『추안급국안(推案及鞫案)』, 『경국대전』에 나타난 조사, 판결 내용, 각종 법과 적용 사례, 형구와 형틀, 법률 집행기관과 조직 및 법률 집행의식 등을 3차원 모델링으로 복원, 관련 사건 시나리오 등을 제작	혜천대학
조선시대 수영의 디지털 복원 및 수군의 군영사 콘텐츠 개발	조선시대 해상방위를 맡았던 수군의 진영을 디지털로 복원하고 그 속에서 이루어졌던 수군의 군영사(생활)를 통제영을 중심으로 관할지역, 수영간 연락망, 성곽, 영역구성, 건축물 등 각 공간이 가지고 있는 장소적인 특성과 훈련·의례 등의 군영사를 읍지, 유물, 전서 등을 통해 발굴, 재해 디지털콘텐츠화	동명대학교 건축도시연구소
맨손무예 택견의 디지털콘텐츠화 - 시나리오와 동작의 리소스 개발	국가지정중요무형문화재 제76호인 택견의 역사와 동작을 택견 역사(장기간 모든 계층에서 향유한 문화유산), 택견 동작(곡선형의 몸동작), 택견을 통한 우리 민족의 이야기와 몸짓 등을 디지털콘텐츠화	한국외대 일반대학원
근대 토론문화의 원형인 독립신문과 만민공동회의 복원	한국 최초의 근대 일간지인 독립신문을 주요 텍스트로 하여 근대적 공론장인 만민공동회를 복원 및 기타 연구성과물과 개화기의 각종 자료, 사진을 근거로 근대의 사회상과 근대적 공론장의 모습을 디지털콘텐츠화	(재)서재필 기념회
중요무형문화재 제13호 강릉단오제 문화원형 디지털콘텐츠 개발	중요무형문화재 제13호 강릉단오제의 지정문화재(제례, 단오굿, 관노가면극)를 실연하여 영상콘텐츠를 개발하고, 설화를 토대로 하는 2D/3D 캐릭터, 애니메이션 등으로 콘텐츠화하여 교육 및 지역 관광문화산업의 창작 소재를 제공	강릉문화원
암각화 이미지의 재해석에 의한 캐릭터 데이터베이스 작업	암각화를 현대에 맞게 재해석하여 캐릭터화 하고 실제 사용 시의 이해를 돕기 위한 창작 애니메이션 제작(암각화에서 찾을 수 있는 동물, 식물, 문양, 구름, 가상환경 등을 각각의 캐릭터로 제작하여 DB화하고 샘플 애니메이션을 제작)	숙명여자대학교 산업디자인연구소

(계속)

과제명	내 용	주관기관
한국 전통가구의 디지털 콘텐츠 개발 및 산업적 활용방안 연구	조선시대 가구 관련 책자와 박물관·미술관 소장품을 중심으로 전통가구문화, 전통가구양식, 전통가구 제작공정, 전통가구 구조상세 등을 체계적으로 정리·데이터 베이스(DB)화하여 향후 한국적 정체성을 지닌 다양한 문화사업 전반에 활용할 수 있는 기초 자료가 되도록 디지털콘텐츠화	한양대학교 생활과학대학
옛길 문화의 원형복원 콘텐츠 개발(조선시대 유곡역참의 원형복원을 중심으로)	길과 관련된 생활콘텐츠 복원, 길과 관련된 제도와 이야기의 복원, 창삭소재 활용을 위한 교통문화원형 콘텐츠 개발을 위하여 교통시설, 교통수단, 교통제도, 옛길체험, 역참복원, 유곡역참의 옛모습 등을 디지털콘텐츠화	경기대학교 전통문화콘텐츠 연구소
전통음악 음성원형 DB 구축 및 디지털 콘텐츠 웨어 기획개발	한국 전통음악 음성원형 중 판소리 다섯마당(심청가, 춘향가, 수궁가, 흥부가, 적벽가)의 음성원형인 완창 녹음(음성데이터 : 노래, 구음, 사설)의 디지털 콘텐츠화	중앙대학교 국악교육연구소
한국 전통 머리모양새와 치레거리의 디지털 콘텐츠 개발	삼국시대부터 조선 후기의 〈규합총서〉, 〈증보문헌비고〉 등의 문헌과 회화자료, 유물 속에 나타난 한국 전통 머리모양새와 치레거리를 디지털콘텐츠화	중앙대학교 인문콘텐츠연구센터
조선 후기 궁궐의례와 공간 콘텐츠 개발	가장 많은 자료와 창작 소재의 대상이 되고 있는 궁궐의 대표적인 동궐(창덕궁, 창경궁)에 대하여 조선 후기 의례(조회(朝會), 조하(朝賀), 즉위(卽位), 진찬(進饌), 경연(經筵))를 공간과 함께 디지털콘테츠화	㈜엔포디
한국 인귀(人鬼)설화 원형콘텐츠 개발	한국 인귀설화의 수명, 환생, 주관, 세계, 제사, 사랑, 복수, 보은, 예언, 소통별로 200개의 이야기 구조와 100개의 캐릭터를 개발 및 인귀설화의 10가지의 주제별로 정리하여 영화/ 방송드라마에 적합한 이야기 소재 개발	한양대학교 한국학연구소
구전신화의 공간체계를 재구성한 판타지콘텐츠의 원소스 개발 - "새롭게 펼쳐지는 신화의 나라"	한국인의 우주론적 관념을 바탕으로 풍부한 상상력을 갖춘 구전신화를 독창적인 한국의 판타지콘텐츠로 개발하기 위하여 판타지의 핵심인 구전신화를 대상으로 신성 공간체계를 재구성, 디지털콘텐츠화	건국대학교 문과대학

2004년 지정공모 과제		
과제명	내 용	주관기관
고대국가의 건국설화 이야기	한국 고대국가(고조선, 고구려, 부여)의 건국설화를 현재까지의 학술적 연구성과를 바탕으로 산업적 활용이 가능하도록 흥미롭게 재구성하고, 문자, 이미지, 그래픽, 애니메이션 등의 다양한 디지털 콘텐츠화	전남대학교 역사 문화 연구센터
백두대간의 전통음악 원형지도 개발	한반도를 전통적 지역 분류에 따른 대표적 문화권으로 구분하고 음악자료를 중심으로 지역별 음악문화의 입체적 이해와 음악문화와 관련된 지역별 풍물에 대한 콘텐츠 제공	한양대산학협력단 한민족공연예술학센터
전통 수렵(사냥) 방법과 도구의 디지털콘텐츠 개발	농경문화와 구별되는 전통수렵(사냥)을 주제로 한 디지털콘텐츠 제작을 통해 애니메이션, 영화, 게임 등의 문화콘텐츠 산업 분야에서 다양하게 활용할 수 있는 텍스트 및 시각콘텐츠 제공	㈜다할미디어
전통 어로방법과 어로도구의 디지털콘텐츠화	동서해안과 제주도를 중심으로 전통 어로문화 및 어민들의 지식 등을 정리하고 시각화하여 어로문화의 지역차와 특성을 콘텐츠화하여 문화콘텐츠 산업에 활용을 위한 창작소재 제공	목포대학교도서문화연구소
조선시대 궁중기술자가 만든 세계적인 과학문화유산의 디지털 원형복원 및 원리이해 콘텐츠 개발	조선시대 궁중 기술자들에 의해 만들어진 독창적인 전통과학문화유산(측우기, 해시계 등)을 디지털콘텐츠화하여, 다양한 문화콘텐츠 산업의 리소스 및 라이브러리 제공	㈜여금
풍수지리 콘텐츠 개발	자연환경과 길흉화복을 연관지어 설명하는 전통 지리이론인 풍수지리를 콘텐츠화하여 고대에서 근세까지의 전 국토의 산과 강, 도성과 읍성, 궁궐, 사찰 등에 산재되어 있는 다양한 풍수관련 이야기를 영화, 게임, 애니메이션 등의 문화콘텐츠 산업 소재로 제공	㈜시스윌
한국 근대 여성교육과 신여성 문화의 디지털 콘텐츠 개발	근대 여성교육과 신여성 문화에 관한 자료를 다양하게 발굴, 수집, 정리하여 여성교육, 대표적 신여성 인물, 직업 및 사회활동 등의 내용을 산업적 활용이 가능하도록 디지털로 재구성하여 문화콘텐츠 산업에 활용 가능한 콘텐츠 제공	㈎한국여성연구소

(계속)

과제명	내 용	주관기관
한국 산성 원형의 디지털콘텐츠 개발	우리나라 산성의 원형을 시대적 대표성과 산업적 활용성을 고려하여 대표적 산성을 선정하고 산성의 원형을 첨단의 디지털 기술을 활용하여 콘텐츠화하고 게임, 애니메이션 등의 문화콘텐츠 산업에 창작소재로 제공	다인디지털㈜
한국인 얼굴 유형의 디지털콘텐츠 개발	만화, 애니메이션, 캐릭터 등 문화산업에 광범위하게 사용할 수 있는 한국인 얼굴 각 유형의 기준을 3차원 디지털화하여 제시함으로써, 문화산업 종사자들이 이에 근거하여 변형 응용할 수 있도록 함	한서대학교 부설 얼굴연구소

2004년 추가경정예산사업 과제		
과제명	내 용	주관기관
고구려 고분벽화의 디지털콘텐츠 개발	고구려 고분벽화 96기의 내용 중에서 문화산업적 가치가 있는 소재를 산업적 활용이 가능하도록 흥미롭게 재구성하고, 시나리오, 이미지, 그래픽, 애니메이션 등으로 다양하게 디지털콘텐츠화	숙명여자대학교 디자인연구소
고려인의 러시아 140년 이주 개척사를 소재로 한 문화원형(농업, 생활상, 의식주 등) 디지털콘텐츠 개발	한민족의 유랑사인 러시아 고려인 이주사의 중요한 사건과 인물들의 이야기를 디지털 스토리텔링 개념을 적용하고 멀티 시나리오로 가공하여 영상과 게임 등 다양한 분야에서 창작소재로 활용할 수 있도록 개발	한국외대 산학협력단(인문학부)
근대 기생의 문화와 예술에 대한 디지털콘텐츠화	근대 기생사진첩, 구전 및 각종 기록 자료를 다양하게 발굴, 수집, 정리하여 근대 기생의 역사, 제도, 생활상 등의 내용을 산업적 활용이 가능하도록 디지털로 재구성하여 문화콘텐츠 산업에서 활용 가능한 콘텐츠 제공	한국방송통신대학교
근대 초기 한국 문화의 변화양상에 대한 디지털콘텐츠 개발	근대 초기의 신문, 사진과 엽서 등을 바탕으로 당시 한국의 문화적 변화양상을 디지털콘텐츠화하여 애니메이션, 영화, 게임 등 문화콘텐츠 산업 분야에서 다양하게 활용할 수 있는 텍스트 및 시각콘텐츠 제공	한국문화정책연구소

(계속)

과제명	내 용	주관기관
무형문화재로 지정된 한국의 춤 디지털콘텐츠 개발	중요무형문화재로 지정된 한국의 춤 중 살풀이, 호남류 승무, 처용무, 경기류 승무, 진주검무, 태평무, 승전무를 인간문화재의 실연을 통하여 재현하고 모션 캡쳐 등의 디지털기술을 이용하여 3D 애니메이션 디지털콘텐츠로 개발	㈜프리진
민족의 영산 백두산 문화상징 디지털콘텐츠 개발	백두산의 역사적 자료 및 전설, 설화 등 민속자료를 복원·고증 및 재해석하고, 디지털 콘텐츠화 함으로써 애니/만화/게임/음악/케릭터/공연/영화/방송 등의 분야에서 활용	호서대학교 벤처전문대학원
발해의 영역 확장과 말갈 지배 관련 디지털콘텐츠 개발	한민족 고대 역사인식에 대한 주체적 시각을 확보하고 국민적 관심을 부각시켜 중국의 동북공정에 대한 구체적 대응논리와 객관성을 확보함과 동시에, 발해의 건국·발전과정과 대외전쟁의 역사를 복원하여 디지털 콘텐츠화	성균관대학교 대동문화연구원
불교설화를 통한 시나리오 창작소재 및 시각자료 개발	불교경전 및 우리 불교설화의 흥미로운 이야기와 관련 인물에 관한 일화 등에서 원형을 발굴하고 시나리오 소재 및 시각소재 등으로 개발하여, 시나리오/캐릭터/애니메이션/만화/출판 등의 분야에서 활용	재단법인 전남문화재 연구원
서울의 근대공간 복원 디지털콘텐츠 개발	종로, 남대문로, 육조거리, 정동 등을 중심으로 현존하는 근대문화유산과 사라진 근대건축물 및 가로경관을 복원, 디지털 출판 산업의 기초자료 및 애니메이션, 영화의 디지털 세트로 활용할 수 있는 콘텐츠 제공	㈜포스트 미디어
아리랑 민요의 가사와 악보 채집 및 교육자료 활용을 위한 디지털콘텐츠 개발	국내외 아리랑에 관한 어원, 역사, 갈래, 일화, 악보, 가사, 작품해설, 음원, 영상을 콘텐츠 발굴·정리·재구성하고, 이를 문자, 이미지, 음원, 동영상 등 디지털 콘텐츠로 개발	중앙대학교(국악교육연구소)
옛 의서(醫書)를 기반으로 한 한의학 및 한국 고유의 한약재 디지털콘텐츠 개발	동의보감, 방약합편, 의학입문, 본초강목 등의 의서를 기반으로 한약재, 의료기구, 처방법 등을 디지털 콘텐츠화하여, 게임, 영화, 드라마 등 다양한 문화콘텐츠 산업에 소재 제공	㈜시스윌

(계속)

과제명	내 용	주관기관
전통놀이와 춤에서 가장(假裝)하여 등장하는 인물의 디지털콘텐츠 개발	세시놀이, 굿놀이, 풍물 잡색놀이, 전통춤 등에 가장하여 등장하는 인물의 형상과 재담 등을 체계적으로 정리하고, 등장인물과 관련한 의미와 내용들을 텍스트, 이미지, 동영상 등으로 개발하여 산업적으로 활용	동덕여자대학교
조선왕조 아동교육 문화원형의 디지털콘텐츠화	격몽요결, 동몽선습, 명심보감 등의 사료를 기반으로 조선왕조 아동교육의 여러 가지 사례를 발굴하고 아동교육체계를 재해석하여, 오늘날 아동교육현장에서 적용시킬 수 있는 실질적 데이터를 개발하여 에듀테인먼트 창작 소재로 활용	세종대학교 만화애니메이션 산업연구소
조선의 궁중여성에 대한 디지털콘텐츠 개발	경국대전, 가례도감, 친잠의궤 등의 문헌을 바탕으로 궁중여성들의 공적생활, 정치생활, 여가생활 등의 내용을 산업적 활용이 가능하도록 디지털로 재구성하여 방송, 게임 등의 문화콘텐츠 산업에서 활용 가능한 콘텐츠 제공	글로브 인터랙티브㈜
조선 후기 여항문화(閭巷文化)의 디지털콘텐츠 개발	인왕산으로부터 청계천에 이르는 중인들의 생활상, 예술활동 등을 살필 수 있는 문헌자료 및 예술 창작물을 디지털콘텐츠화하여 게임, 애니메이션 등의 문화콘텐츠 산업에서 활용할 수 있는 창작소재 제공	㈜블루엔씨지
천하명산 금강산 관련 문화원형 디지털 콘텐츠화	금강산 관련 문화원형을 자연물과 사찰 등에 관련된 설화의 내용과 문헌자료, 예술작품으로 분류하여 역사 및 문화, 고문학 등의 관련분야 전문가의 고증과 감수를 통하여 선별, 디지털화 하며 산업적으로 사용이 가능하도록 콘텐츠화	㈜위드 프로젝트
한국 고서(古書)의 능화문(菱花文) 및 장정(裝幀)의 디지털콘텐츠화	한국 고서에 시문된 다양한 유형의 능화문을 추출, 가공해 디지털화하여 제시함으로써, 게임, 애니메이션, 실내장식 분야와 관련된 문화산업 종사자들이 이에 근거하여 변형 응용할 수 있도록 함	청주시문화산업 진흥재단
한국 근대의 음악원형 디지털콘텐츠 개발	한국 근대 음악의 음악원형을 체계적으로 정리하고, 한국 근대 음악 8대 항목에 대한 악보, 문헌, 도상, 음향을 디지털콘텐츠화하여 휴대폰 벨소리 · 배경화면, e-Book, 교육용 솔루션의 배경음악, 영상 자료, 게임의 창작 소재 · 캐릭터 · 음악, 공연 및 관광의 소재로 활용	㈜아사달

(계속)

과제명	내 용	주관기관
한국 무속 굿의 디지털 콘텐츠 개발	30여 가지의 한국 무속 굿을 유형별, 지역별로 재구성하고, 각각의 굿에 대한 해설, 동영상, 오디오, 사진을 디지털콘텐츠로 개발하여, 시나리오/모바일/캐릭터/교육 등의 분야에서 활용	연세대학교 국학연구원
한국의 전통장신구 - 산업적 활용을 위한 라이브러리 개발	한국 전통장신구의 형태, 구성, 색채, 제작기법적 특징 등을 체계적으로 분류, 정리, 디지털콘텐츠화하여 애니메이션, 캐릭터 및 출판 업계에서 2D/3D 라이브러리로 활용	숙명여자대학교 디자인대학원

2005년 자유공모 과제(통합형)		
과제명	내 용	주관기관
범종을 중심으로 한 불전사물의 디지털콘텐츠 개발과 산업적 활용	국보, 보물, 유형문화재, 문화재자료급 범종을 비롯, 불전사물(범종 · 법고 · 목어 · 운판)의 형상, 문양, 음원의 디지털화를 통해 산업적 활용성이 높은 문화원형 소재 개발	불교방송
독도 역사 문화 환경의 디지털 콘텐츠 개발	독도와 관련된 인문 · 사회 · 역사적 현황, 지형 · 지질, 생태환경, 경관 등에 관한 문헌자료 및 이미지 자료를 콘텐츠화하여, 독도에 대한 심도 있는 이해를 돕고, '우리 땅-독도'에 관한 국제적인 홍보효과를 제공	㈜지엑스
한국 궁술의 원형 복원을 위한 디지털콘텐츠 개발	활쏘기 문화, 궁중의 활터, 활과 화살, 부속품 복원 및 한국 궁술 사법의 복원을 통해 민족정체성을 확립하고, 국궁의 역사, 문화, 유물을 활용한 다양한 문화상품 개발의 기초재료 제공	㈜네오그라프
조선시대 암호(暗號)방식의 신호전달체계 디지털콘텐츠 복원	(兵將圖說, 兵學指南演義의 신호체계, 신호연, 봉수를 중심으로) 병장도설(兵將圖說), 병학지남연의(兵學指南演義) 등에 나타난 조선시대 암호에 의한 정보전달 체계 및 암호체계와 신호체계 집행조직 및 도구를 디지털콘텐츠화하여 애니메이션, 영화, 방송, CF, 게임 등의 원천 소스로 활용	㈜싸이런

(계속)

과제명	내 용	주관기관
국악대중화를 위한 정간보(井間譜) 디지털폰트 제작과 악보저작도구 개발	정간보에 기록된 율명과 부호, 정간의 유형을 발췌 및 정리하여, 표준 양식과 형태를 체계화한 후, 디지털 폰트로 제작하고 정간보를 디지털 환경에서 직접 제작할 수 있는 저작도구로 개발	모젼스랩㈜
조선시대 궁궐조경의 디지털원형 복원을 통한 전통문화콘텐츠 리소스 개발	조선왕조실록, 동궐도, 동궐도형, 궁궐지, 의궤, 조선고적도보 등을 바탕으로 창덕궁 원유의 원형과, 전통 외부공간과 공간에 담긴 생활문화 · 인문학적 요소를 디지털콘텐츠로 복원하여 창작소재로 활용	㈜리앤장
조선 후기사가(私家)의 전통가례(傳統嘉禮)와 가례음식(嘉禮飮食) 문화원형 복원	조선 후기 사가의 전통가례에 깃들인 예(禮)의 정신과 표현양식인 가례절차와 가례음식, 가례복식, 가례용품의 원형을 복원하고, 조리시연 과정을 디지털콘텐츠화하여 인터넷방송, 문화관광상품, 인터넷 비즈니스 등의 영역에서 활용	㈜질시루
최승희 문화원형콘텐츠 개발	100년 전 대표적인 신여성으로 현대무용가 · 안무가로 활동했던 최승희의 일화와 초립동, 보살춤, 검무, 옥적의 곡의 유래 및 특징을 정리하고, 모션캡쳐, 동영상 등 디지털콘텐츠로 개발하여 산업적으로 활용	발해게이트
우리의 전통다리 건축 라이브러리 개발 및 3D 디지털 콘텐츠 개발	현존하는 옛 다리(도성, 궁궐, 성곽, 사찰, 민간)에 얽힌 전설/전통놀이 등을 재구성하고, 3D 모델링을 통해 디지털콘텐츠화하여 온라인 콘텐츠 산업은 물론, 오프라인연계 문화/관광산업의 소재로 활용	㈜넥스팝

2005년 지정공모 - 지정과제		
과제명	내 용	주관기관
한국 설화의 인물유형 분석을 통한 콘텐츠 개발	설화에 나타나는 인물들을 유형별, 테마별로 재구성하여 설화인물대백과사전을 개발하고, 인물의 유형화 작업과 각 인물 이야기의 서사구조 분석을 통해 스토리 뱅크 구축을 통해 포괄적 관점에서 인물과 사건을 연결하고 색인하여 한국 문화의 인물 정형화	㈜광주방송

(계속)

과제명	내 용	주관기관
한국 술문화의 디지털 콘텐츠화 고대부터 근대까지 한국 전통주를 중심으로	전통주의 종료와 기원, 대표 풍류객, 문화예술과 전통주, 금주문화 등 삼국시대부터 근대까지의 전통주 문화관련 정보의 스토리 뱅크화 및 전통주 제조법, 술 빚는 장소와 기구, 술과 안주상 등의 술 관련 이미지를 시각자료화한 콘텐츠 제공	㈜디지털 에볼루션
세계의 와인문화 디지털콘텐츠화	와인의 제조법뿐만 아니라 이를 둘러싼 정치, 경제, 사회, 예술상의 영향과 의미를 고려한 스토리뱅크 구축 및 와인과 관련된 각종 이미지 자료를 멀티미디어로 활용한 시각자료뱅크로 구축, 그리고 와인의 탄생, 변화, 확산 등의 과정 등 다양한 정보를 담고 있는 정보지도 개발	㈜애듀미디어
앙코르와트의 디지털 콘텐츠화	앙코르와트 역사에 대한 시각자료의 개발, 앙코르와트 건축의 신화적 의미와 건축미술적 의미 재구성 및 앙코르와트 건축의 3D 스캐닝 자료 제공과 앙코르와트 건축과 조각미술 속에 나타나는 라마야나 등 힌두 신화 요소의 재구성을 통한 콘텐츠뱅크 구축	㈜시지웨이브
기산풍속도(箕山風俗圖)를 활용한 19세기 조선의 민중생활상 재현	기산풍속도를 토대로 19세기 민중들, 예능집단과 예능 종목 모습의 재구성, 기산풍속도 속 민속놀이와 현존놀이와의 비교, 그리고 민중층의 상장례 및 의례재현 등 생활사의 재구성을 통해 시나리오 소재화와 시각자료화	㈜제이디에스 인포테크
우리 저승세계에 대한 문화콘텐츠 개발	지옥도, 극락도, 지장탱화 등의 불교 탱화를 중심으로 저승세계의 구조와 이야기 재구성을 통한 콘텐츠 뱅크화 및 저승세계로 들어가는 인물과 되돌아오는 인물의 정형화 작업과 상여소리 등의 저승 관련 소리자료의 채취 및 재구성	㈜디지털 오아시스
조선시대 유배(流配)문화의 디지털콘텐츠화	전통 형벌제도 중에서 유배형의 기원, 역사, 등급, 분류 등의 제도 일반의 내용과 시나리오 소재로 제공할 수 있는 서술 · 시각자료 제공 및 조선시대 주요 유배지역과 유배경로를 정보 지도로 재구성하고 조선시대 유배인물의 유배생활과 문화교류 현상을 재구성하여 스토리뱅크화하여 제공	㈜세종 에듀테인먼트

(계속)

과제명	내 용	주관기관
한국 승려의 생활문화 디지털콘텐츠화	승려의 수도과정 및 일상 생활과 의례모습 등의 다양한 모습을 재분류하고 다양한 형태의 결과물로 제작하고 사찰생활과 관련된 각종 도구, 복식, 음식 등의 특징과 사용방법 등을 멀티미디어 시각자료로 제공	㈜디자인피티
한국 전통 도량형이 디지털콘텐츠화	신체의 일부를 활용하여 사물을 재는 고대의 단계부터, 표준척과 표준용기를 제작하여 기준척도를 삼는 근세 개화기까지 도량형의 기원과 원리의 변천사 재구성, 관련 문화사 이야기 소재 개발 및 시각적 재현을 통한 다양한 콘텐츠 제공	㈜코아섬
한국사에 등장하는 첩보(諜報) 활동 관련 문화콘텐츠 소재 개발	삼국부터 광복 이전의 시기까지 우리나라를 포함한 중국, 일본을 아우르는 영역에서 역사서, 문집, 기록화, 회화, 사진 등에 나타나는 첩보활동과 관련 인물을 발굴하여 시나리오 창작 소재화하고 관련 도구, 복식 등의 시각적 콘텐츠 제공	㈜블루엔씨지

2005년 자유공모 선정과제 요약(분리형)		
과제명	내 용	주관기관
어린이 문화 콘텐츠의 창작 소재화를 위한 전래동요의 디지털콘텐츠 개발	불교경전 및 우리 불교설화의 흥미로운 이야기와 관련 인물에 관한 일화 등에서 원형을 발굴하고 시나리오 소재 및 시각소재 등으로 개발하여, 시나리오/캐릭터/애니메이션/만화/출판 등의 분야에서 활용	안동대학교 (민속학연구소)
한국 호랑이 디지털콘텐츠 개발	한국 호랑이를 소재로 한 서사문학(이야기)와 회화(민화) 자료를 대상으로 선정하여 이를 분류, 비교, 해설 및 색인 정리하여 영화, 애니메이션, 만화, 게임 등의 시나리오 및 이미지 캐릭터로 활용할 수 있는 디지털콘텐츠로 제공	건국대학교 산학협력단(동화와번역연구소)
바다 속 상상세계의 원형콘텐츠 기획	바다 속 상상세계를 생명력 있게 형상화한 설화, 무가, 고소설, 판소리 등을 종합 재구성, 개발함으로써, 지역문화축제, 시나리오, 교육용 스토리텔링, 사회적 놀이문화(교육소재), 지역 향토문화 브랜드화(CI : Culture Identity)에 활용	동국대학교 산학협력단(한국문화연구단)

(계속)

과제명	내용	주관기관
한국 대표 이미지로서 국보 하회탈의 문화원형콘텐츠 구축	한국 문화의 대표 이미지이자 한국인의 얼굴이라 할 수 있는 국보 하회탈을 면밀한 고증과 실측을 통해, 제작기법, 조형미, 작동원리, 복식, 관련 설화 등을 콘텐츠화하여 문화산업에서 쉽게 활용할 수 있도록 질 높은 원천소스 제공	안동대학교 (박물관)
한국 전통팔경의 디지털화 및 원형소재 콘텐츠 개발	전통팔경의 내용에 따라 대표적 경관을 선별하여 2D 이미지화하고 각 팔경의 구성요소를 자연(비, 눈, 저녁노을 등), 생활(승려,사찰 등)을 매개로 한 경관문법체계를 재구성, 디지털화하여 독창적인 한국의 판타지 콘텐츠로 개발	성균관대학교(건설환경연구소)
한국 장수설화의 원형 콘텐츠 개발	한국 장수설화를 7가지 유형(건국 · 관리 · 의병 · 반란 · 승병 · 여성 · 민간장수)으로 분류하고, 장수의 일대기를 재구성하여 영화 · 방송드라마 · 애니메이션 · 만화 · 게임 등에 적합한 이야기 소재를 개발	한양대학교 산학협력단(국제문화대학)

2005년 지역 문화원형 개발 지원사업		
과제명	내용	주관기관
흙의 美學, 빛과 소리 - 경기 도자 문화원형의 디지털콘텐츠 개발 -	경기도 문화 예술의 대명사이자 한국적 장인정신의 결정체인 도자 문화의 원형을 예술적, 과학적 측면에서 분석하여 기존의 문양 중심의 시각적 이미지와는 차별화된 질감(촉각), 빛깔 및 모양(입체시각), 소리(청각)의 요소를 아울러 갖춘 오감 체험형 공감적인 콘텐츠를 개발	경기디지털 콘텐츠진흥원
"千佛千塔의 신비와 일어서지 못하는 臥佛의 恨" 雲住寺 스토리 뱅크	'운주사 불국토 이상국가론'과 '대동사상', '평등사상'에 담긴 전통민족문화 원형을 운주사의 조형물(천불석탑, 와불, 칠성바위, 불상 등)과 건축물의 외적 아름다움을 통해 재발견하고, 다양한 설화와 구전이야기를 산업적 OSMU 원천 스토리 및 DB로 제작	광주정보문화 산업진흥원
잃어버린 백제문화를 찾아서 (백제금동대향로에 나타난 백제인의 문화와 백제기악탈 복원)	예술적, 문화적으로 우수한 "백제금동대향로"를 통하여 우수한 백제문화 콘텐츠를 개발하고, 일본에 전수된 "백제기악탈"을 복원하여 우리 문화의 우수성을 알리며, 이를 한국적 문화콘텐츠로 산업에 활용	대전엑스포 과학공원(대전문화산업 지원센터)

(계속)

과제명	내 용	주관기관
삼별초 문화원형에 기반한 디지털콘텐츠 개발	항몽의 역사 속에 담긴 삼별초군의 방어체계, 성곽, 전투, 인물, 설화 등의 문화원형을 발굴, OSMU가 가능한 디지털콘텐츠화로 개발하여 게임, 캐릭터 뿐만 아니라, 문화상품 분야 및 관광 등의 오프라인 산업에서도 활용 가능한 콘텐츠로 제작	제주지식산업 진흥원
한국 전통일간과 철제 연장사봉의 니지딜콘텐츠 개발 - 금속생활공예품 제작을 중심으로	고대로부터 철생산의 중심지였던 충북(충주 다인철소, 청주 철당간, 진천 석장리 등)의 철문화를 대상으로, '만드는 이'와 '만드는 일'에 대한 과학기술적, 공예기술사적 접근을 통해 다양한 디지털콘텐츠로 개발	청주시문화산업 진흥재단

2005년 지정공모 - 창작연계형		
과제명	내 용	주관기관
한국 정령 연구를 통한 극장용 장편 애니메이션 제작	지역 및 민초에 기반한 한국 정령 연구를 통한 '나눔', '화합', '민초'를 주제로한 시나리오, 캐릭터, 배경, 소품 디자인 시안, 이미지 보드 등의 비쥬얼 자료 및 극장용 장편 애니메이션 파일럿 영상 제공	㈜연필로 명상하기
천년고택 시나락	신주, 삼신할매, 조왕, 업, 터주 등 집안의 '집지킴이'들을 주인공으로 현대 인간과 맞닥뜨리면서 벌어지는 에피소드를 호러, 코믹을 버무린 시트콤 형식의 Pre-Production 결과물 및 Pilot 동영상 제공	동우 애니메이션㈜

2005년 정책과제		
과제명	내 용	주관기관
초 · 중등 학생용 '재미있는 역사 교과서 (가칭)' 교재 개발	현재 한국문화콘텐츠진흥원에서 개발한 문화원형콘텐츠와, 새로 제작되는 콘텐츠를 접목하여 '재미있는 역사 부교재 제작'을 통해 평면적인 학습 부교재에서 3D, VR로 전환되는 획기적인 학습교재로 개발	국사편찬위원회
조선시대 유산기(遊山記) 디지털콘텐츠 개발	한국 6대 명산의 유산관련 기행자료 추출 및 분석을 통해 대상자료를 선정하여, 내용과 기술을 조화롭게 구성, 근래 생활문화사의 여가생활에 대한 욕구에 부응한 우리 선조들의 일상생활 및 여가활동에 관한 종합콘텐츠 개발	한국국학진흥원

2006년 자유공모		
과제명	**내 용**	**주관기관**
근대 대중문화지에 실린 '야담'을 통한 시나리오 창작소재의 개발	「월간야담」, 「야담」을 종합하여 전통 이야기문화의 근대 대중문화의 결합된 근대 문화의 원형으로 재구성	㈜굿소프트웨어랩
한국불교 목공예의 정수〈수미단〉의 창작소재 개발	수미산관련 고증자료 및 조선시대 불교의 이해를 위한 성불도를 대상으로 불교 전통 목공예의 콘텐츠화 및 수미산과 성불도를 활용한 창작소재 개발	㈜inek
한국의 24절기(節氣)를 이용한 디지털콘텐츠 개발	조상의 슬기와 지혜가 담긴 24절기 관련 문헌자료 및 생활풍속을 활용하여 한국문화의 우수성을 알려주는 창작소재 개발 디지털콘텐츠화	㈜써스텍
줄타기 원형의 창작소재 콘텐츠화 사업	줄타기원형의 창작 소재적인 측면을 디지털화함. 줄타기에 포함된 민담 및 설화 등 스토리 소재를 위주로 하여 교예, 재담 등 각종 요소를 디지털콘텐츠화 하여 문화 전반적인 다양한 분야에 재활용할 수 있도록 구성	㈜디파인
한국 전통무예 택견의 미완성 별거리 8마당 복원을 통한 디지털콘텐츠 개발 및 상품화 사업	초대 인간문화재 故송덕기, 신한승 용의 유물자료 분석 및 미완성 별거리 복원 및 현 택견 인간문화재인 정경화 선생의 연구등을 토대로 별거리 8마당의 디지털콘텐츠화	㈜메세나코리아
우리 역사 최초의 여왕, 선덕여왕의 드라마 중심 스토리 개발	「삼국사기」, 「삼국유사」를 기본 원전으로 한 텍스트 자료와 신라유물, 장소, 배경 등의 이미지 자료를 바탕으로 시나리오와 캐릭터 이미지 개발	㈜다할미디어
우리 장승의 디지털콘텐츠 개발	한국 서민문화의 원형성을 담고있는 장승관련 설화, 속담, 판소리, 문화원형으로 보존가치가 높은 문화재로 지정된 수호신 성격의 장승에 대한 디지털콘텐츠화	㈜디지털코리아루트
우리 성(性)신앙의 역사와 유형, 실체를 찾아서	우리 성신앙, 성풍속, 성석, 옛그림속 성문화들에 대한 이야기 및 신앙, 생활, 놀이, 도구 등 기타 주제별로 분류하여 우리 性 신앙의 역사와 유형, 실체의 이야기를 시나리오 창작소재 개발	㈜미래듀
국가문화상징 무궁화의 원형자료 체계화와 문화콘텐츠 개발	무궁화 관련 역사기록, 설화, 구비전설 등의 원문 텍스트 번역을 통해 문화원형 추출, 112종에 달하는 무궁화 전체 종별 실사촬용, 역사 속에 담겨진 무궁화 자료 실사 촬영등의 콘텐츠 개발	㈜한양씨티허브

(계속)

과제명	내 용	주관기관
동아시아 교류의 중심, 해상왕국을 만나다 : 大백제 e야기	백제 건국부터 부흥운동기까지의 주요 인물을 설정하고, 백제문화사대계의 원문자료를 바탕으로 백제 대외활동에 대한 스토리를 구축하여 쉽게 접할 수 없었던 백제사 전반에 걸친 대외교류 활동 내용을 문화콘텐츠 창작소재로 활용	(재)충청남도역사문화원
통일신라인 혜초의 왕오천축국전 디지털콘텐츠 개발	왕오천축국전에 내재되어 있는 40여개 천축과 서역의 문화·역사·풍토·신앙·전설 등을 문헌, 유물, 유적을 통해 발굴·재해석하고 시나리오화하여 다양한 문화콘텐츠산업 분야에 창작소재로 활용	한국과학기술원 문화기술대학원
삼국유사 판타지 원형의 리소스 구축 및 디지털 콘텐츠 개발	〈삼국유사〉의 판타지 소재를 집중 분석, DB를 구축하고 이를 바탕으로 한 애니메이션·시놉시스·시나리오 개발 및 2D·3D 캐릭터 모델링과 파일럿 애니메이션 제작을 통해 원전의 현대적 재구성과 글로벌 경쟁력을 가진 콘텐츠 개발	위덕대학교 산학협력단(신라문화산업센터)
고려시대 대표적인 음악인 고려가요의 디지털콘텐츠화	현존 고려가요 고악보(시용향악보, 대악후보)와 고려가요 19개 악곡(사모곡, 정석가, 청산별곡, 서경별곡, 한림별곡 등)을 오선보로 역보하고 MIDI파일 및 MP3파일 등의 디지털 음원화하며, 문헌에 전하는 고려가요 악기, 각 악기의 연주형태 및 각 악곡의 실연모습 등을 3D, 동영상 등 콘텐츠로 개발	이화여대 산학협력단
고려시대 여인의 당당하고 의연한 삶을 소재로 한 디지털콘텐츠 개발	고려사, 고려사절요, 묘지명, 문집 등 고려시대 기록물에 등장하는 고려시대 여인들의 당당하고 의연하며 주체적이며 독립적인 생애와 사회 환경 등을 중심으로 현대적 재구성하여 전통사회 남성 중심의 스토리 전개를 벗어나 독립적이고 의연한 삶을 살다간 고려시대 여인의 주체성과 당당함을 소재로 한 콘텐츠 개발	㈜애듀미디어
근·현대 나루와 주막문화의 변용(낙동강을 中心으로)	이야기, 생활도구, 인물 등 나루터 주변에 형성된 주막문화 소재의 발굴과 개발, 나룻배·나루터·주막·다리 등 나루문화를 중심으로 서사의 재구성 및 근대화의 추억과 사업 등의 고유 이미지 개발, 나루와 주막문화의 원형 복원 및 재구성하여 다양하고 흥미로운 콘텐츠 발굴 및 개발	대구한의대 산학협력단

(계속)

과제명	내 용	주관기관
공연 문화의 원형인 근대 극장 원소스 개발	근대의 모습을 집약적으로 담고 있으며, 공연문화의 변혁을 가져온 극장의 복원 및 관련 에피소드 도출, 근대 극장 지도, 풍속도, 공연 모습, 목장, 소품 등의 디지털콘텐츠화 개발과, 배우와 극단을 소재로 한 시놉시스 및 시나리오 개발을 통해 변화된 공연문화의 모습을 창작소재화	㈜오앤리비즈
개항시대 인천 항구문화 기반 문화콘텐츠 창작 소재 개발	개항시대 인천의 항구문화가 녹아 있는 26종의 대상물을 선정하여 교류의 관점에서 태동/정착/격동/공존의 공간으로 테마화하고, 각각의 공간에 존재하는 존스톤 별장/공화춘/인천 감리서/제물포 구락부 등의 건축물과 제물포 항구/차이나타운 등의 공간에 담겨 있는 소재를 대상으로 디지털콘텐츠화 개발	인하대학교(문화경영심리연구소)
구한말 외국인 공간 : 정동	조선후기에서 대한제국기의 외교, 교육 종교 관련 정동 거주 외국 인물과 정동 소재의 외국공관 등의 건물, 그리고 이 시기의 정동을 배경으로 한 역사적 사건과 사실 등을 대상으로, 공간/인물 정보/역사 정보를 결합, 재구성하여 스토리텔링 구축 및 디지털콘텐츠 개발	명지대학교 산학협력단(디지털아카이빙 연구소)

2008년 문화원형 창작소재 개발		
과제명	내 용	주관기관
고려시대 주거공간의 유형별 복원 : 궁방, 귀족저택, 부유한 평민가옥, 사찰의 승방	고려시대 주거 관련 기록, 회화, 조선전기 가옥, 발굴유적과 유물, 연구성과 등을 토대로 고려시기 주거공간의 특징을 도출하고, 현존 실물이 없어 실증적인 방법으로 신분계층별 주거공간을 가상의 공간으로 복원하여 관련 산업 및 교육에 적용하고자 함	㈜C2K솔루션즈
고려시대 세계 최고의 로켓 '주화'와 화약무기의 디지털 콘텐츠화 – 최무선의 '화통도감'과 '화통방사군'을 중심으로	세계 최고의 로켓형 병기인 '주화'를 비롯해, 1377년 고려 우왕 3년 최무선에 의해 설립된 화약 및 화기제조 담당기관 '화통도감'(火桶都監)과 화기(火器) 발사를 전문으로 하는 '화통방사군'(火桶放射軍)을 대상으로 복원하여, '2009년 대전국제우주대회' 등 각종 문화산업 및 OSMU의 창작소재로 활용하고자 함	(재)대전문화산업진흥원

(계속)

과제명	내 용	주관기관
간이역과 사람들 – 근·현대 철도생활문화의 콘텐츠 개발	한국철도 100년사와 사라졌거나 역사, 문화적 가치가 있는 전국 노선별 주요 간이역과 철도를 배경으로 근·현대를 살아 온 사람들과 그들의 이야기를 소재로, 철도와 간이역 관련 각종 문헌, 이미지, 구술 자료 등을 통하여 복원하여, 관광자원화 소재로서 문화예술 작품 속 간이역에 대한 다양한 콘텐츠 창작소재로 제공하고자 함	울산대학교 산학협력단(인문과학연구소)
근대 생활문화공간으로서의 병원이야기	근대개혁의 표상인 동시에 대중들에게 익숙한 공간으로 전통과 근대가 만나는 접점이기도하며, 다양한 에피소드와 의사를 비롯한 근대적 전문인의 출발을 보여주는 대상이기도 한 근대식 병원을, 제중원부터 1945년에 이르는 기간을 대상으로 병원의 공간과 인물들에 대한 이야기를 범위로 삼아 다양한 측면들을 콘텐츠화하여 근대병원 및 의료인들에 대한 보다 친숙한 창작소재로 문화콘텐츠 제작에 활용하고자 함	상명대학교 산학협력단(문화콘텐츠창작소재연구소)
커뮤니티 공간으로서 한국 최초 조선 요릿집 '명월관' 관련 문화콘텐츠 개발	최초 명월관의 공간을 복원하여 가상으로 재구축하고, 민간에 전파된 근대궁중요리 및 처음 등장한 교자상차림을 디지털 콘텐츠화하고, 명월관과 관련된 근대 주요 인물 및 사건들의 체계적 정리하여, 다수의 시놉시스, 시나리오, 스토리보드를 창작·개발하여 문화콘텐츠 제작에 활용하고자 함	한양대학교 산학협력단

제 **2** 장

한국전통문화원형으로서 풍류감성

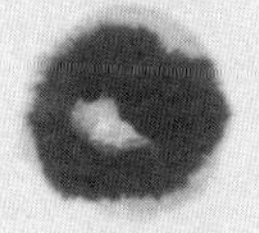

1
문화와 정서의 상관관계

정서는 인간이 외부세계와의 관계 속에서 인간 내부의 상호작용으로 일어나는 정신과 심리의 여러 가지 변화 상태에 의해 신체적 표출이 따르는 감정의 본능을 말한다. 우리는 정서의 여러 가지 상태를 한 마디로 희로애락喜怒哀樂이라고 표현한다. 그래서 우리가 아프거나 슬플 때는 신체적 표출행위로 눈물을 흘리고, 기쁠 때는 신체적 표출행위로 웃는다. 결국 인간세계를 둘러싸고 있는 외부세계의 자극 또는 인간의 자각에 의해서 우리 내부에서 그것을 인지하는 정신과 심리적 작용인 정서로부터 반응이 행동으로 표출된다.

인간내부의 정신적·심리적 작용으로서 정서와 문화가 어떤 관계가 있는가에 대해서 의구심을 가질 수도 있다. 하지만 문화인류학적 관점에서 인간이 자연환경에 적응하거나 개척하여 문명화된 사회로 발전하거나 인간과 인간의 사회환경에서 상호 작용으로 자극과 반응이 끊임없이 표출되는 과정 그 자체가 정서에 의해서 표출된 것이 문화라는 것이다. 인간이 삶을 영속적으로 유지하기 위해서 능동적인 적응 체계인 환경에 영향을 받는데, 즉 자연환경과 사회환경을 말한다. 자연환경은 인간에 있어서 개척해야 할 대상이자 숙명적 대상이고, 사회환경은 인간이 적응

해야 할 대상이자 문화이다. 따라서 인간은 동시에 자연환경과 사회환경에 의해 자극 받으며 살고 있고, 그것의 자극을 받았을 때 이것이 정서를 이루는 가장 기본적인 요소가 되는 것이다.

우리가 문화유산이라고 부르는 위대한 인류 문명의 유무형 유산들이 민족적 고유성과 정체성을 갖는 것은 바로 유산 속에 담긴 민족적 얼로서 공동체적 정서가 담겨 있기 때문이다. 이것은 시대와 생활환경이 변함에 따라 생성·소멸·변형의 변화를 거치면서 민족의 가치관과 생활양식을 지배해 온 정신적 산물이라는 것이다. 여기서 말하는 정신적 산물은 인간의 삶과 사고를 형성하고 지배하는 가장 기본적 정신구조로서 정서라고도 할 수 있다.

1) 문화유형과 정서

우리가 서양의 문화를 개념화시킬 때 자주 '로고스 중심의 문화'라고 평한다. 즉 이성주의 세계관을 말하는 것으로, 그 전통은 이미 서양철학사의 원류인 고대 그리스 플라톤의 이성철학에 유래를 두고 있다. 인간 심성의 상위 체계로 이성을 중요시하며, 정서는 인간 심성의 하위 체계로서 이성을 오도하는 것이라고 폄하하였다. 결국 플라토니즘은 18세기 말까지 서양의 문화에서 합리적이고 객관적인 이성의 이상화를 추구하는 것으로 받아들여졌다. 이성주의적 문화관은 19세기 말엽부터 20세기에 가장 변화무쌍한 시대적 변화인 과학 기술의 혁명과 산업화로 인해 경제적 발전과 물질적 풍요를 만들어냈다. 또한 인문사회의 연구에 있어서도 이성주의적 세계관에 중심을 두고 이분법적 논리에 의해서 인간을 이성과 감성의 축으로 나누어 몸, 정서, 감정, 무의식 등은 이성에 반대되는 비합리적인 것으로 보았고, 이 두 개의 대립적 관계를 통해서 인간을 이해하려고 하였다. 그렇다고 동양문화권에서 정서가 중요시되어 왔던 것은 아니다. 불교에서는 세속에 대한 욕심이 바로 정서에서 발생한다고 하였고, 유교에서는 인간의 일곱 가지 정서는 기본적으로 인간의 마음을 흐트려놓기 때문에 예禮를 통해서 이것을 다스려야 한다고 하였다. 그러나 서양의 이성주의 세계관은 결국 19세기 말부터 20세기 초까지 산업화에 따른 근대화의 부작용으로 인해 전쟁, 환경파괴, 인간소외 등의 여러 문제를 낳았다. 그래서 근대화 과정과 사고관에 대한 자기성찰적 반성으로 과거의 전통이나 인습과의 단절을 주장하며 감성인 정서의 가치에 눈을 뜨게 된다. 특히 인문사회학에서 인지중심의 인간 연구에 대한 반성과 한계에서 벗어나 인간의 행동주의와 정신분석학에서 그 동안 소홀히 다루었던 인간의 무의식과 감성에 대한 가치를 재발견하게 되면서 문화와 정서의 관계에 대한 논의가 활발히 이루어지고 있다. 이러한 논의는 문화인류학자들에 의해서 연구의 핵심적인 과제로 담론화시키면서 두드러지게 되었다. 그래서 문화권의 차이는 해당 문화권에 살고 있는 사람들의 정서의 차이인 동시에 그 차이가 문화적 차이를 만들어 낸다. 특히 민족적 정서는 집단적 정서로서 문화와 집단적 정서의 상관관계를 연구하는 데 있어서 중요한 연구논점을 제공해 주는 것이 바로 네덜란드의 사회학자 게에르트 홉스테드Geert Hofstede가 1980년부터 10년 동안 세계 66

개 국가를 대상으로 한 문화유형 비교연구이다.

홉스테드는 문화유형을 집단주의와 개인주의로 분류하고, 개인주의와 집단주의를 규정하는 기준이 사회관계에서의 교환양식, 개인과 개인의 상호작용 의존도, 개인과 공동체 간의 관계, 사회 구성의 기본 단위로 보는 경향이 있으나 문화유형의 차이를 사회구성의 기본 단위의 차이라고 보았다. 이러한 연구결과로 그는 동양권 문화를 집단주의 성향을 갖고, 특히 우리나라의 문화가 집단주의적 경향이 강한 문화유형으로 보았다. 바로 이러한 문화유형의 차이는 민족적 정서와도 맥락이 같다고 볼 수 있다. 그러나 문화유형의 차이에는 두 가지 기능적 체계가 있다. 즉, 문화적 정체성과 문화적 보편성이다. 예를 들어, 문자는 인류의 문화유산으로서 어느 민족이건 어느 나라건 문자를 갖고 있다는 것은 문화적 보편성에 해당된다. 반면 각 민족이나 나라마다 문자가 다르다는 것은 바로 문화적 정체성을 말한다. 따라서 문화와 정서의 관계에 있어서도 정서적인 공통분모로 정서적 보편성과 차이점으로서 정서적 고유성이 있기 마련이다.

정서의 표출 유형으로서 "희망, 기쁨, 열정, 환희 등의 정적 정서는 우리의 삶에 활력을 불어 넣고, 우리를 유지시키고 회복시켜 준다. 공포, 분노, 협오 등의 부정 정서는 우리를 환경의 위협과 위험으로부터 보호해 주기 때문에 더욱 중요하다."[22] 이러한 관점에서 인간의 삶과 환경 속에서 자극과 반응의 상호작용에 의해 여러 가지 유형의 정서들이 발산되는

---

22) 조은경, "사회심리학의 최근 동향: 동기와 정서의 복귀", 한국심리학회 편, 심리학 연구의 최근 동향, 1994, pp.25~26.

데, 인간의 정서경험이 환경과 밀접하게 연관되어 있으며, 그 환경은 문화와도 연관성이 있다. 밀러J. G. Miller 는 "문화는 인간의 삶을 영위하는 환경세계와 그 속에서 일어나는 여러 가지 사건들을 이해하고 조직화하는 의미 체계이다."23)라고 하였다. 따라서 인간의 정서 경험은 인간의 삶 속에서 영위하는 환경세계 속에서 자극과 반응, 그리고 표출로 이어지는 인간의 정신 · 심리적 활동을 조직화하고 의미를 체계화하는 과정이 바로 문화와 정서를 이어주는 관계라고 할 수 있다.

2) 정서의 보편성과 특수성

정서와 문화의 관계를 보는 관점은 크게 두 가지 주장이 대립하고 있는데, 보편주의자Universalist 의 관점은 인간이 경험하는 가장 기본적인 정서는 보편적이고 범문화적이며, 생물학적으로 미리 결정된 자기유지 및 자기규제의 과정으로 같은 정서 상황에서는 누구나 동일한 신체 생리적 변화를 겪게 되고, 결과적으로 동일한 정서 체험을 하게 된다는 주장이다. 이러한 보편주의자에 의한 정서의 보편성은 다윈의 생물학적 결정설과 제임스의 말초이론에 그 원류를 두고 있다. 반면 문화구성주의자Cultural Constructivist 의 관점은 정서를 단순히 자연적이거나 생물학적인 산물로 보지 않고, 사회 문화적 과정에 의해 영향을 받고 조형되는 것으로 보는데,

---

23) Miller, J. G., "Culture and the development of everyday social explanation",
　　Journal of Personality and Social Psychology, 46, 1984, P.961

정서 체험은 전적으로 문화적 명제에 의해 조형되고 구성되는 것으로, 정서는 철저히 문화의 산물로서 절대로 자연적인 것이 아니라는 것이다. 이러한 점을 로살도 Rosaldo 는 "감정이란 사람의 피 속에서 찾아지는 실체가 아니라 우리가 행동하고 말하는 실생활사에 의해 조직화되는 사회적인 관습이다. 이들은 우리가 이해의 형식에 의해 구조화되는 것이다"[24] 라는 기술로 압축해 내고 있다. 이렇게 정서는 "상호관계 속의 사람들이 명명하고 정당화하며 설득하는 문화적 및 대인적 산물로 볼 수 있으며, 따라서 정서적 의미는 개인적 성취라기보다는 사회생활의 결과로서 출현되는 산물"[25]이라는 것이 문화구성주의자들의 주장으로 인지이론에 뿌리를 두고 있다.[26]

위 두 가지 입장의 기본틀은 생물학적 본능작용과 이성적 인지작용이 서로 대립되는데, 전자는 정서의 보편성을 말하는 동시에 문화적 보편성과 일맥상통하고, 후자는 정서의 특수성으로서 민족적 정서가 대표적인 예이며 동시에 문화적 정체성과 고유성으로 말할 수 있다. 예를 들어, 지역과 민족에 따라 죽음을 해석하는 관점이 다르다. 죽음에 대한 정서적 차이에 있어서 사람이 죽으면 누구나 슬픔을 느낀다. 이것은 생물학적

---

24) Rosaldo, M. Z., "Toward an anthropology of self and feeling", In R. A. Shweder & R. A. LeVine(Eds.), *Culture theory: Essays on mind, self, and emotion*, Cambridge, England: Cambridge University Press, 1984, p.143.

25) Lutz, C., Unnatural emotions: Everyday sentiments on a Micronesian atoll and their challenge to Western theory, Chicago, IL: University of Chicago Press, 1988, p.5.

26) 조긍호, "문화유형과 정서의 차이: 한국인의 정서 이해를 위한 시론", 서울대학교 사회과학대학 심리과학연구소 학술논문 제6권 제2호, 1997, p.18 .

정서의 보편성에 의해서 느끼는 정서이다. 그래서 죽음을 현세적 삶의 끝이지만 영원불멸의 영생의 삶으로 가는 과정으로 마치 장례의식이 축제의 마당으로 죽은 사람을 기쁜 마음으로 보내는 장례문화권이 있는 반면 엄숙하고 비애감 넘치는 장례의식으로 받아들여지는 문화권이 있다. 이것은 이성적 인지의 정서로서 오랜 세월 관습에 의해서 지배받아 온 정서로서 삶의 양식에 있어서 서로 다른 의미체계에서 연유된 정서이다. 따라서 죽음을 바라보는 관점에서도 보편성과 차이성이 동시에 보이듯이 문화저으로 정서는 보편성과 특수성을 동시에 갖고 있다고 볼 수 있다.

그러나 위에서 제시된 문화와 정서의 관계는 민족 또는 국가의 문화와 일치하지 않는 개인의 정서 차이에 대한 비교 분석에 한계점을 가지고 있다. 그래서 사회심리학자 키타야마 Shinobu Kitayama 와 마루크스 Hazel Rose Markus 는 문화와 정서의 관계를 집단주의와 개인주의로 구분하여 분석해야 한다고 주장하면서, 사회 구성원 각자의 성향을 독립적인 성향 Independence 과 상호의존적 성향 Interdenpendence 으로 구분한다. 전자는 개인주의로, 후자는 집단주의로 서로 밀접한 관계가 있다고 보았다. 또한 문화에 따른 정서의 해석 차이도 독립적인 성향은 자기주의의 초점으로, 상호의존적 성향은 타인주의 초점이 되는 것으로 보고, 문화유형이 각 문화에서 자기의 해석 체계에 따라 정서의 체험조건, 체험되는 정서의 유형, 정서의 빈도와 강도 등이 달라지게 된다고 보았다.[27]

---

27) Kitayama, S., & Markus, H. R., "Culture and emotion: The role of other-focused emotions", Paper presented at the 98th Annual Convention of the American Psychological Association, Boston, MA, 1990, p.232.

독립적인 성향의 정서는 개인주의적으로 자율적인 자아중심적 정서를 말하고, 상호의존적 성향의 정서는 집단주의적으로 타인과의 관계 속에서 상호작용에 중심을 두는 타인중심적 정서이다.

키타야마와 마루크스는 자아중심적 정서를 개인의 내적 속성의 확인과 만족 또는 봉쇄로 인해 유발되는 것이고, 타인중심적 정서는 타인에의 민감성, 타인 관점의 수용 및 상호의존성의 증진을 위한 노력의 결과로 유발되는 것이라고 보고 있다.[28] 문화인류학의 관점에서 개인의 자아중심적 정서에서 개인의 분노와 혐오는 개인이 소속된 집단에서 통제되어야 하고, 그것을 통제하는 것이 집단 구성원 간의 코드화된 윤리와 도덕 그리고 규범이다. 또한 희망과 기쁨 등의 정적 정서는 그것이 개인 또는 집단이든 그것을 표출하는 유형에 있어서도 대인관계의 조화감에 의해서 개인의 자아중심적 정서와 집단의 타인중심적 정서와 서로 상호작용한다.

더욱이 성격심리학에 있어서도 공포, 좌절, 분노, 혐오 등의 부정 정서가 높은 사람은 세상을 위협적이고 불안과 불편을 주는 것으로 나타나고, 희망 기쁨, 열정, 환희, 조화, 공감 등의 정적 정서가 높은 사람은 환경에 자발적으로 개입하고, 타인과 함께 있는 것을 좋아하며, 열정을 갖고 삶에 접근한다. 그래서 부정 정서는 개인주의 문화에서 강하게 나타나고, 정적 정서는 집단주의 문화에서 강하게 표출된다는 연구결과가 있다.

정서를 사회학적인 관점에서 살펴보면, 인간의 자아중심적 정서가 집

---

28) 조긍호(1997), 앞의 학술논문, p.21.

단의 문화속에서 학습과 통제를 통해 개인과 타인이 조화를 이루려는 과정을 사회화의 과정으로도 볼 수 있다. 따라서 정서의 상태를 표출하는 것도 통제와 규칙이 따르는데, 인간이 어릴 적부터 사회화되는 과정에서 정서의 유형과 양이 결정된다는 것이다. 결국 정서의 형태는 문화적 차이까지도 만들어 낸다.

　앞서 살펴본 문화와 정서의 상관관계에 대한 개론적 논의는 한국의 민족적 정서를 문화연구의 대상으로서 논점을 제공해 준다. 그렇다면 한국의 민족적 정서는 무엇인가에 대해 좀 더 접근해 보도록 하겠다.

2

문화원형으로서 한국인의 민족적 정서 형성 배경

앞서 논의되었듯이 문화와 정서의 상관관계에서 우리의 정서와 문화는 집단주의적 성향이 강하다고 하였다. 반만년의 역사 속에서 우리나라가 단일민족 국가를 이룰 수 있었던 이유도 바로 이러한 문화와 정서가 집단주의와 관계중심적으로 표출되었기 때문이다.

민족적 정서는 민족의 정체성을 규정하는 요소로서 어느 민족이 오래전부터 사회문화적으로 고유하게 간직하고 있는 정서를 의미한다. 또한 민족적 정서라는 것은 넓은 의미에서 문화원형의 개념에 포함되는 것이다. 아마 문화원형으로서 우리 민족의 정서를 꼽으라면 대부분은 우리 민족의 고유정서로서 한과 흥을 가장 대표적으로 꼽을 것이다. 그렇다면 이러한 한과 흥의 정서는 어디에서부터 원류된 것인가에 대해서 살펴보도록 하겠다.

한과 흥의 정서의 원류는 한반도에 삶의 터전을 삼았던 자연적 환경에 의해서 그 원류가 시작되었는데, 지형적으로 우리나라는 산과 들이 많은 나라로서 산과 들을 삶의 터전으로 농경문화를 이루었다. 주로 배산임수背山臨水의 풍수사상에 입각하여 개천이나 강을 끼고 집단정착생활이 시작되었다. 그래서 우리의 주거문화는 자연을 닮아 자연과 조화를 이루며 살아왔다. 그래서 정서도 자연환경에 영향을 받으며 자연과 융화되어 살아가는 정서성이 발달하였다. 자연환경을 극복의 대상으로 보는 것이 아니라 자연에 순응하고 살아가는 것이 인간이 의지로 벗어날 수 없는 자연재앙을 숙명처럼 받아들였다. 이러한 결과로 샤머니즘문화가 발달하였으며, 불교와 유교등의 종교가 고대 한반도에 유입되기 이전에는 원시종교의 시대로서 하늘과 자연물을 숭배하는 제천의식과 모든 물체에는 신령이 있다고 믿는 토템미즘이 발달하였다. 고대 무속신앙은 개인의 안녕에서부터 집단, 부족 더 나아가 국가적 안녕을 기원하는 의식으로 발달하였다. 농경문화로 인한 풍년과 개인 액운퇴치, 안녕과 질서의 공동체 염원으로서 마을마다 굿문화가 발달하였다. 바로 이 굿문화에서 오늘날 대부분의 한국 전통예술이 탄생하였고, 개인에서 집단에 이르기까지 맺힌 부정 정서로서 분노 · 원한 · 공포 · 절망 · 슬픔을 신께 기도하며 부정 정서를 풀고, 제의식이 끝난 후 함께 모여 노래와 춤을 추며 대동단결하는 집단적 가무문화로서 정서적 안정을 찾으려고 희망 · 기쁨 · 열정 등의 정적 정서를 표출하였다. 이러한 공동체의 굿문화는 개인과 집단을 서로 이어주는 정서적 친밀감을 비롯하여 정서적 공통분모로서 한과 흥의 원류라고 볼 수 있다.

고대 삼국시대 중국으로부터 들어온 불교가 한반도에 토착되어 있던 샤머니즘과 융화되어 불교가 토속 무속신앙을 받아들였다. 우리 고유의 제천의식이 불교 속에 유입되어 팔관회, 연등회 등으로 발전될 수 있었다. 불교와 더불어 도교사상은 우리나라 고유의 풍수사상과 결합되어 토속 종교화되었다.

유교는 고려시대에 사서오경의 경학 체계를 이루어 정치적 실천윤리로 작용하였으나, 현실적 실천윤리로 토착화된 것은 조선시대이다. 조선시대에는 유교를 통치이념으로 확립되어 인륜적 질서를 중시한 결과 반班·상常과 적嫡·서庶의 구별로 계층의식이 확립되는 데 큰 영향을 준다. 물론 유교가 한국인의 정서에 충과 효의 중요한 실천윤리를 제공하였다는 것은 긍정적으로 평가할 수 있으나 계층의식을 심화시킨 남존여비와 양반과 천민 등의 부정적 영향은 사회문화적으로 한국인의 정서에 부정 정서를 심화시키는 결과를 낳았다.

한반도에서 부족국가를 이루면서 고려 초기까지 이어져온 우리 민족이 내성적으로 구축한 샤머니즘적인 형태 위에 불교와 도교가 융합되어 '우리'라는 공동체의식 속에서 긍정적 정서로서 정적 정서가 지배적이었다면, 조선 시대에는 유교가 사회문화 전반에 걸쳐 실천윤리로 자리 잡으면서 정서는 억제해야 하는 대상으로 받아지게 되었다. 그래서 유교에서 인간의 정서는 인간이 삶을 살아가는 데 바람직한 적응을 해치는 부정적인 영향을 끼치므로 적극적인 수양을 통해 조절하고 통제해야 할 대상으로 보았다.

유교에서 인간수양을 맹자는 외부 사물에 의해 유발되는 정서 이외에 인간에게 본유적으로 내재한 착한 정서인 사단四端의 존재를 인정하고, 이것의 적극적인 확충을 주장함으로써 선진유학의 정서 이해에서 특이한 위치를 차지하고 있다. 이러한 사단四端은 곤경에 빠진 사람을 불쌍히 여기는 마음惻隱之心, 자기와 남의 옳지 않음을 부끄러워하는 마음 羞惡之心, 남에게 양보하는 마음辭讓之心 및 옳고 그름을 가리려는 마음是非之心 등 타

그림 2-1   900년 전통을 이어온 "문묘제례악"

인 또는 삶의 원칙규범 과의 관계를 조건으로 하는 사회적인 정서의 중요
성을 강조하였다. 사회 상황에서 유발되는 타인 또는 규범 중심적인 정
서인 사단四端 은 적극적으로 추구하고 확충해야 하지만, 외부 사물과의
관계에서 유발되는 개인의 이욕적인 욕구를 부추기는 정서인 칠정七情 :
喜·怒·哀·懼·愛·惡·欲 은 적극적으로 조절하고 통제해야 하는 것으로 사
단을 확충하고 칠정을 조절하는 것이 인간수양이라고 보았다.29)

　한국적 정서의 원류라고 할 수 있는 샤머니즘은 외래 종교인 불교와
유교를 우리 민족이 내성적으로 구축한 샤머니즘적인 형태 위에 현실세
계의 갈등과 대립을 인간의 내면적인 문제로 귀착시키고 있다. 더 나아

---

29) 조긍호(1997), 앞의 학술논문, p.34.

가 국가의 문제를 종교적 차원에서 해결하려고 하는 불교사상을 수용하고 삼강오륜과 같은 유교의 사회적이고 도덕적인 부분을 수용하여 각 신앙적 요소가 융화되고 조화된 양상을 띠어 우리 민족정서를 형성하는 데 큰 영향을 주었다고 할 수 있다.

3

한국인의 문화적 정서로서 '풍류'

1) 풍류란 무엇인가?

풍류하면 상기되는 것이 선비의 교양이나 양반계층의 문화로 인식하는 편견이 있는데, 다양한 문화적 담론의 관점에서 생각해보면 풍류는 '교양 있는 여가문화'라기보다는 '문화적 감성'의 한 형태로 보는 것도 틀린 의미는 아니다. 그렇다면 풍류를 감성의 언어로 부른다면 문화적 정서로서 풍류는 어떤 뜻일까?

풍류風流의 사전적 의미를 살펴보면, 문화적 의미로 사용되는 풍류는 "속되지 않고 운치가 있는 일"30), "심신을 수양하는 수련행위", 국악의 기악으로서 관악과 현악기의 사용에 따른 '줄풍류'와 '대풍류'를 지칭하는 용어로 사용된다. 또한 우리가 일상생활에서 사용하는 풍류의 의미는 유희적 개념으로서 "자연을 벗삼아 음주가무를 즐기며 시를 짓고 노니는 행위로 점잖은 선비의 놀이문화"로 인식하고 있다. 어떤 의미로 받아들이건 앞서 말하는 풍류의 개념이 모두 맞는 의미들이고, 모두 문화적 행

---

30) 다음 백과사전 − 한국사상 '풍류' 〈http://enc.daum.net/dic100/contents.do?query1=
b23p4115a〉

위에 포함되며 정서와 관념 등의 영역까지 포함되어 있다.

역사적으로도 우리나라에서 풍류라는 말이 처음 등장한 것은 〈삼국사기〉 신라본기 진흥왕 37년 576조 화랑제도의 설치에 관한 기록인데, 최치원이 화랑 난랑을 위해 쓴 난랑비 서문鸞郎碑序文 중에 풍류라는 말이 나온다. 그 원문을 보면 다음과 같다.

國有玄妙之道 曰風流 設敎之源 備詳神史
實內包含三敎 接化群生 且如入則孝於家
出則忠於國 魯司寇之旨也 處無爲之事
行不言之敎 周柱史之宗也 諸惡莫作
諸善奉行 竺乾太子之化也

이 원문을 해석해 보면 "國有玄妙之道 曰風流"은 우리나라에 현묘한 도가 있으니 말하기를 풍류라 한다. "說敎之源 備詳仙史 實乃包含 三敎 接化群生"은 이 종교를 일으킨 연원은 선가사서仙家史書에 상세히 실려 있거니와, 근본적으로 유·불·선, 3교를 이미 자체 내에 지니어 모든 생명을 가까이 하면 저절로 감화한다. "且如 入則孝於家 出則忠於國 魯司寇之旨也"는 집에 들어온 즉 효도하고 나아간 즉 나라에 충성하니, 그것은 노사구공자의 교지敎旨와 같다. "處無爲之事 行不言之敎 周柱史之宗也"은 하염없는 일에 머무르고 말없이 가르침을 실행하는 것은 주주사노자의 교지와 같다. "諸惡莫作 衆善奉行 竺乾太子之化也"은 모든 악한 일을 짓지 않고 모든 선한 일을 받들어 실행함은 축건태자석가의 교화敎化와 같다.

난랑비서의 내용은 신라의 화랑도인 풍류도가 유 · 불 · 도 儒佛道　3교
의 가르침을 포함하고 있다는 것인데, 화랑도를 현묘 玄妙 의 도 道, 풍류라
일컫고, 화랑의 역사책을 〈선사 仙史〉라 하여 선 仙과 관련시킨 것인데, 여
기서의 '현묘'나 '선'은 비록 노장적 老莊的 인 용어로 표현된 것이지만 중국
의 도교사상이 들어오기 이전 신라의 고유한 무속 巫俗 과 관련된 화랑의
풍속을 지칭하는 것으로 보인다. 이것을 유 · 불 · 도와 관련시켜 설명하
는 것은 신라의 화랑도가 유 · 불 · 도의 유입과 함께 겪은 일정한 변질을
반영할 뿐만 아니라 유 · 불 · 도 3교의 합일을 주장하는 최치원의 사상
을 보여주는 것이기도 하다. 이 글은 화랑의 풍류도가 유 · 불 · 도 3교의
유입과 함께 3교의 사상을 포괄하며 변화되어간 모습을 보여주고, 아울
러 이러한 변화의 귀결인 유 · 불 · 도 사상의 강화는 화랑의 풍류도를 역
사의 뒤안길로 밀쳐내버리고 말 것이라는 것을 보여주고 있다. 31)

이 난랑비 서문을 보면, 풍류라는 말이 이미 중국에서 먼저 사용된 것으
로 보이는데, 중국에서 풍류라는 말을 처음 사용한 것은 대략 위진 魏晉 시
대로 공자에 의해서 유학사상이 탄생하여 유교를 국교로 정했던 한나라
이래로 유학과 노장사장의 학문적 연구가 활발히 이루어지던 시대이다.

이 시대에 유학과 도교의 영향이 강했기 때문에 풍류라는 말의 의미는
'풍 風'자는 시경 詩經 에 나오는 '국풍 國風', '정풍 鄭風' 등의 예에서 보듯이, 노
래와 가무, 시문을 뜻하는 경향이 강하다. 실제로 풍류라 할 때 중국에서
는 현실에 얽매이지 않고 자유분방하게 시문 詩文이나 주연, 가무를 즐기

---

31) 다음 백과사전 ─ 난랑비서 〈http://enc.daum.net/dic100/viewContents.do?query1=
b03n2992a〉

는 귀족적 향취 내지 북방민족들에게 쫓기는 신세를 한탄하고 은둔자적하며 음풍농월吟風弄月하던 청담淸談, 현학玄學의 분위기와 밀접한 관계가 있다. 전자가 왕희지王羲之나 석숭石崇 등의 인물로 대표된다면, 후자는 완적阮籍이나 혜강嵆康 등 죽림칠현竹林七賢을 들 수 있다.[32]

난랑비서문에서 풍류의 의미가 이렇듯 중국의 풍류와 일맥상통하는 면을 찾을 수 있으나, 최치원은 풍류의 의미를 문화의 유희적인 행위를 확대시켜서 교화적인 의미로 풍류를 풀이하고 있다. 그래서 난랑비서문에서 〈선사仙史〉의 의미는 유·불·선 儒佛仙 3교를 포함한 것으로 중생을 교화한다는 의미를 갖고 있다. 유교의 가르침으로서 화랑은 집에서는 효를 다하고 밖에서는 나라에 충성하는 것으로 효제충신孝悌忠信, 불교의 가르침으로서 모든 악한 일을 하지 않고 착한 일만을 행하는 것으로 전악경선悛惡更善, 도교의 가르침으로서 행함이 없는 일에 처하고 말 없는 가르침을 행하는 것이다. 그리고 '우리나라에 현묘한 도가 있으니, 이것은 선사의 기록을 보면 알 수 있다'라는 것은 이미 위에서 제시한 선사의 의미가 이미 우리나라에서 현묘한 도가 있었다는 것을 의미하기 때문에 이것은 신라에 유·불·선 3교가 들어오기 전에 이미 우리 고유의 풍류이자 인간의 도가 지배계층뿐만 아니라 피지배계층에도 정서와 생활윤리로서 전승되어 왔음을 알 수 있는 것이다. 이러한 해석에는 신라의 고유한 무속巫俗과 관련된 화랑의 풍속이 있었다는 의미이다.

최치원은 화랑을 풍류의 수련자로서 '도의로서 몸을 닦고, 노래와 춤

---

32) 신은경, 『풍류: 동아시아 미학의 근원』, 보고사, 1999, p.20; 孔繁, 『魏晉玄談』, 遼寧教育出版社, 1991.

으로써 서로 즐거움을 나누며, 명산대천을 찾아 노니는 것이라고 하였다. 여기서 말하는 유희의 행위는 상고시대부터 있었던 제천행사에서 일정 의식으로서 단순한 오락이 아니라 하늘의 뜻을 헤아리고 공동체의 결속을 기원하며 개인의 경건함을 다지는 것이다. 이러한 가락상열歌樂相悅의 풍습은 제천사상에 담겨져 신라의 풍류도를 거쳐 전승되면서 하늘과의 관계에 있어서 신앙적 요소는 변하였으나 오늘날까지 이어지고 있다. 또한 명산대천을 찾아 노니는 것은 단순한 여행이 아닌 명산대천에 모셔져 있는 신령과의 교제를 위한 제의적 수련의 의미를 말한다. 따라서 화랑은 바른 인간됨을 하늘에 맹세하고, 심신을 단련하며, 지식을 습득하고 가무를 즐기며, 사회적 권위를 유지해가는 도리로서 풍류이다. 중국의 풍류에 대한 목적과 다르게 신라시대 풍류의 의미는 자연 속에 인간이 조화롭고, 자연섭리에 따라 자연에 순응하며, 인간이 하늘을 경외하는 제천사상으로 우리의 고대 샤머니즘에 뿌리를 두고 있다.

　고려시대에도 풍류라는 말이 팔관회와 관련하여 기록되어 있는데, 고려 인종 때 곽동순의 〈팔관회선랑하표八關會仙郎賀表〉의 전문에 풍류에 대한 것이 언급되어 있다.

복희씨伏羲氏가 천하의 왕이 된 뒤로부터 최고最高는 우리 태조太祖의 삼한三韓이요, 저 막고야藐姑射 산에 있다는 신인神人은 바로 우리 월성月城, 반월성(半月城), 신라 서울의 사자四子, 신라의 대표적인 네 화랑 인가 하나이다. 풍류風流가 역대에 전해 왔고, 제작制作이 본조本朝에 와서 경신更新되었으니, 조상들이 즐겼고 상하上下가 화목하였나이다. 중하中賀 신이 듣건대, 저 신라新羅의

고읍古邑은 적수積水의 동쪽 구석에 있어, 태고太古의 풍도가 있었고 군자국 君子國, 신라의 이름이 있었나이다. (중략) 엎드려 생각건대, 주상主上 전하께서 춘추春秋가 바로 한창이시요, 성교聖敎가 날로 높으시어, 가없는 조종祖宗의 공덕을 계승하여 아침밥을 늦은 시간이 되서야 드시고 밤늦게야 잠자리에 드 시면서 정사에 부지런하시니, 이룩하시는 사업이 환한 문장이옵나이다. 국가 를 위하여 태평을 이룩하시는 사업이 환한 문장입니다. 국가를 위하여 태평을 이룩하시니 소를 놓아주고 말을 돌려보내평화도 좋을 것이요, 종고鐘鼓를 울 리며 스스로 즐기셔도 술에 취하고 음악을 즐김이 아니요 백성들과 함께 즐기 시려고 철을 가리어 의식을 거행하시나이다. (중략) 요堯 임금의 뜰이 아닌데 도 온 짐승이 다 춤추는 반열에 참예할 수 있었고, 무릇 주周나라의 선비라면 다 "소자小子도 성취함이 있네"의 시詩를 노래하올지라, 감히 해[日]를 향하 는 정성을 기울여 우러러 후천後天의 축수祝壽를 드리나이다.[33)]

이 내용으로 보면, 신라시대에 화랑의 풍류문화가 고려시대에 사라졌 지만 궁중 팔관회 제의식에 양가良家의 자제를 뽑아 그들로 하여금 가무 歌舞를 행하는 것이 나라의 태평성대를 기원하는 것이라고 주청을 올리 는 것이다.

조선시대에는 여류문인인 의유당의 수필집 〈의유당관북유람일기意幽 堂關北遊覽日記〉에 풍류가 언급되어 있는데, 이 수필집의 〈북산루〉 편에 수 록되어 있다.

동남편을 보니 무덤이 누누하여 별 버듯 하야시니 감창感愴하야 눈물이 나 금

---

33) 국역본 동문선, 제31권, 팔관회 선랑 하표(八關會仙郞賀表), 민족문화추진회, 솔, 1993, p.360.

억禁抑디 못하리러라. 서편으로 보니 낙민루 앞 성천강 물줄기 게가지 창일하고, 만세교 비슥이 뵈는 것이 더욱 신긔하야 활홀이 그림 속 같더라. 풍류를 일시의 주奏하니 대모관 풍류라. 소래 길고 화하야 가히 드럼즉하더라. 모든 기생을 쌍지어 대무大舞하야 종일 놀고 날이 어두오니 도라올새, 풍류를 교전橋前의 길게 잡히고 청사초롱 수십 쌍을 고히 닙은 기생이 쌍쌍이 들고 서시며, 홰블을 관 하인이 수업시 들고 나니 가마 속 밝기 낮 같으니, 밧겻 광경이 호말을 헬디라. 블은 사紗희 프른 사흘 니어 초롱을 하야시니 그림재 어룽디니 그런 장관이 업더라.[34]

이 전문을 보면 의유당이 북산루에서 기생들의 풍악을 들으며 즐기던 일에 대한 내용이다. 이 내용으로 볼 때 조선 후기에는 풍류라는 의미가 자연과 친화하면서 시문詩文 · 음주가무 · 청담淸談 등을 즐기는 풍치있고 우아한 태도나 생활을 풍류라고도 했으며 선비들의 생활에서 중요한 부분을 차지하고 있었다는 것을 알 수 있다. 또한 풍류의 본래 의미가 퇴색되어 속세적인 문화로 비추어지기도 한다.

지금까지 삼국시대부터 조선시대까지 풍류라는 용어의 의미를 역사적으로 살펴보았는데, 신라 화랑의 풍류가 이미 상고시대 우리 민족의 성품인 유순한 성품과 인이호생, 호양부쟁의 풍속, 그리고 마한의 소도제 등을 통하여 유불선 삼교의 요소를 이미 내재적으로 삼국시대까지 우리 민족의 심성에 이미 체화되어 왔다는 것이다. 그러다가 고려조로 오면서 신라 화랑의 풍류도의 신성성이 사라지고 의례적인 것이 남아 행해

---

34) 유탁일, "의유당 유고(未發表)와 그 作者", 의유당일기(이병기 교주본), 국어국문학회 학술지 제76호, 1997, p.86.

지다가 조선시대로 이어지면서 세속화되어 오늘날까지 이르고 있다는 것을 알 수 있다.

따라서 풍류의 다양한 의미를 종합해서 정리하면, 상고시대 신성한 종교의식에서 행해지는 의례 및 가무로서 그것이 추구하는 것은 인간과 자연의 조화로서 인간의 삶과 자연, 그리고 가무의 예술행위가 통합되어 조화를 이루어 궁극적으로 자연의 숙명과 우주의 질서의식 속에서 공동체의 정적 정서를 승화시켰다는 것이다. 풍류가 인간 심성의 도道와 미美의 가치로서 외적으로 가무와 기행을 통해서 내적으로 자연섭리를 깨닫고, 심신을 수양하여 내면의 진실성을 추구하려는 예禮의 실천이었다는 것이다. 또한 풍류가 유희적 놀이문화로서 시, 음악, 춤 등의 총체적인 종합예술의 추구를 통해 인간의 심성을 다스리려고 하는 문화적 감성이었다는 것이다. 더 나아가 풍류風流라는 단어 그 자체가 한자어로 '바람이 흐르는' 뜻으로 정적인 느낌이라기보다는 역동적인 느낌으로, 어디에도 구속되지 않은 자유로운 심성으로 슬픔과 기쁨 등의 정서에서 무위無爲로 돌아가려는 마음의 평온을 찾으려는 정연한 정서라는 것이다.

2) 전통공연예술의 풍류감성

죽림칠현의 한 사람이었던 중국의 사상가 혜강嵇康의 〈성무애락론聲無哀樂論〉를 보면 문화적 정서의 의미를 음악으로 가장 적절히 표현하고 있다.

술을 마셔 분위기가 무르익을 무렵 금琴을 타면 기쁘고 즐거워 웃는 사람도 있고, 몹시 슬퍼서 우는 사람도 있다. 그러니 이는 그 금소리가 이 사람에게는 슬픔을 가져다주고 저 사람에게는 즐거움을 가져다주었기 때문이다. 그 음은 전과 다름이 없는데 기쁨과 슬픔으로 서로 다른 반응을 일으키니, 이는 갖가지 정감이 모두 사람들 자신에게서 나타난 것이다.[35]

혜강은 인간의 타고난 본성에 잘 어울리고 자연의 조화로움을 담은 소리가 가장 아름다운 음악이라고 하였으며, 인간이 인위적으로 음악에 가치를 부여하는 것은 이미 음악의 본질을 왜곡시키는 것으로 음악 속에 깃든 자연스러운 조화로움을 통해 얻게 되는 마음의 평정과 정신의 자유로움이 애락의 가치라고 하였다. 바로 혜강의 음악론에 대한 주장은 우리 민족의 전통공연예술의 미학과 일맥상통하는 면이 있다. 예부터 우리 조상들은 인위적인 음악이 아니고 음양의 균형 속에 자연스러운 음악을 찾았기 때문에 우주의 만물인 동양사상의 핵심이라고 할 수 있는 음양오행의 자연을 우주원리 음악이라 생각하였기에 전통음악을 통해서 정서적 안정을 찾았다.

한국 전통공연예술의 기원을 원시적 종교의식에서 찾아볼 수 있다는 것은 연구자들의 공통된 견해이다. 그 기원의 시대는 신석기 시대부터일 것으로 보는 견해에도 별다른 이의가 없다. 인류의 정신문화 가운데 가장 일찍 출현한 형태가 원시종교와 원시예술이라고 한다. 그러한 원시종교와 원시예술 속에는 원시음악, 원시무용, 원시미술, 원시문학이 함께

---

35) 혜강 지음, 한홍섭 옮김, 성무애락론(聲無哀樂論), 책세상, 2002, p.23.

종합적으로 작용하고 있었다. 이때의 음악은 싹은 배태되었지만 분화되거나 가공되지 않은 언어의 세계였을 것이다. 이것이 고대음악의 가장 큰 특징인데, 짧고 단음이 많은 가사, 잦은 감탄사, 가창의 반복, 넘치는 감정을 내지르는 소리 등을 그 요소로 삼고 있다.[36]

상고 시대 우리나라 음악의 기원이 제천의식에서 시작되었다는 것은 중국에서 한반도 일대의 동이족이라고 부르는 부여, 동옥저, 읍루, 예, 고구려, 마한, 변진 등에 대한 생활풍습에 대해서 기록해 놓은 삼국지 위서魏書, 동이전東夷傳의 기록을 보면 알 수 있다.

부여는 "매년 은력殷曆 정월에 지내는 제천행사는 국중대회로 날마다 마시고 먹고 노래하고 춤추는데 그 이름을 영고迎鼓라 하였다. 이때에는 형옥을 중단하고 죄수를 풀어 주었다"라고 기록되어 있다. 예는 "해마다 10월이면 하늘에 제사를 지내는데, 주야로 술을 마시며 노래를 부르고 춤추니 이를 무천舞天이라 한다"라고 기록되어 있다. 고구려는 "백성들이 노래와 춤을 좋아하여, 나라 안의 촌락마다 저물어 밤이 되면 남녀가 떼 지어 모여서 서로 노래하며 유희를 즐긴다. 또한 10월에 지내는 제천행사는 국중대회國中大會로 이름하여 동맹東盟이라 한다"라고 기록되어 있다. 마한 지역은 "해마다 5월이면 씨뿌리기를 마치고 귀신에게 제사마한의 소도제를 지낸다. 떼를 지어 모여서 노래와 춤을 즐기며 술마시고 노는데 밤낮을 가리지 않는다. 그들의 춤은 수십 명이 모두 일어나서 뒤를 따라가며 땅을 밟고 구부렸다 치켜들었다 하면서 손과 발이 서로 장단을 맞

---

36) 양인리우 지음, 이창숙 옮김, 중국고대음악사, 솔, 1999, p.31.

그림 2-2　국립무용단의 국립극장페스티벌 참가작 "가야" 공연

추는데, 그 가락과 율동은 중국의 탁무鐸舞와 비슷하다. 10월에 농사일을 마치고 나서도 이렇게 한다"라고 기록되어 있다. 변진은 "그 나라의 풍습은 노래하고 춤추며 술 마시기를 좋아한다. 비파가 있는데 그 모양은 축築과 같고 연주하는 음곡音曲도 있다"라고 기록되어 있다. 이처럼 우리 민족의 고대 부족국가들의 제천의식에서 행해진 음주가무백희의 문화가 오늘날 우리 전통공연예술의 뿌리가 되었는지를 짐작케 하는 기록으로 구체적으로 명시되어 있지 않지만 이러한 문화에서 우리의 악기, 우리의 춤, 우리의 노래 등이 나왔다고 볼 수 있다. 또한 이것은 가장 원시적인 형태의 풍류로서 이 풍류문화가 삼국시대로 이어져 신라시대 화랑의 풍류로 고려와 조선시대를 거쳐 문화적 감성으로 풍류가 문화로 변천되었을 것이다.

풍류는 음악을 지칭하는 용어에 있어서도 사용되는데, 우리 민족의 음악을 자연의 소리를 닮았고, 악기 또한 자연에서 얻어서 인공미를 가한 것이 아니라 자연의 소리를 살렸다고 한다. 우리는 자연에서 태어나 자연의 소리를 들으며 산다. 즉 자연계의 소리가 일차적인 소리이다. 태양 에너지의 파장에 의한 진동, 이것이 소리인데 그것은 바람소리, 곧 풍 風을 말한다. 그러므로 자연스런 음악을 지칭하는 말로 풍악風樂, 풍류風流, 풍물風物, 풍조風調 등의 어휘가 있고 경聲, 령鈴, 금琴, 탁鐸에 풍風자를 앞에 붙여 풍경, 풍령, 풍금, 풍탁이라고 호칭하게 된 연유는 우연이 아닐 것이다.[37]

우리 악기도 자연에 재료를 얻어 인공적인 가공을 거치지 않고, 재료 자체가 갖고 있는 그대로 소리로 자연의 소리를 냈는데 풍물, 즉 농악놀이에서 사용하는 타악기들이 대표적인데, 이 타악기는 서양이나 동양이나 마찬가지로 가장 원시적인 악기의 형태이다. 오늘날 서양은 원시적인 타악기를 인공적인 가공을 통해서 인공적이고 기계적인 음악을 내는 악기로 개량하여 사용하고 있지만 우리의 농악놀이 악기인 꽹과리, 장구, 북, 징의 악기는 오래 전부터 사용되었던 악기양식 그대로가 오늘날에도 사용되고 있다. 그리고 이 악기들이 내는 소리들은 자연의 소리를 표현하고 있는데, 꽹과리는 그 소리가 마치 하늘이 놀랜 소리라고 하여 천둥과 번개 소리를 표현한 것이고, 장구는 그 소리가 마치 메마른 대지 위에 소낙비가 오는 것처럼 비소리를 표현한 것이다. 그리고 징의 소리는 그

---

37) 김양동, "한국 고대음악의 기원 시고(試考): 신(神)의 문자학적 해석을 통한 '소리'와 '노래'의 어원을 중심으로", 『음악과 문화』, 2002, p.9.

그림 2-3 ▶ 사물놀이

울림이 깊고 여운이 남아서 바람의 소리를 표현한 것이고, 북소리는 구름이 움직이는 것을 표현한 것이라고 한다. 악기의 재료도 소가죽, 나무, 일상의 생활용품 등에서 재료를 쉽게 얻었다. 또한 우리 현악기를 보더라도 가야금, 거문고에는 오동나무에 명주실을 사용하여 인공적으로 소리를 가공하지 않고 명주실 자체에서 나오는 소리를 있는 그대로 표현하고 있다.

사람의 입도 원시악기 중의 하나이다. 가장 원초적인 악기인 입에서 나오는 소리 그것은 신神에게 전달되는 말인 주문이다. 주문呪文은 신神에게 기원하는 소리이며 정신세계와 접속하는 가장 효율적 방법이다. 그러므로 말소리는 신령한 힘이 있으며 창조적인 성스러움이 있다. 음악이 언어에 기초한 예술이라 함은 바로 이를 두고 한 말이다.[38]

한국 음악은 장단과 선율에 중점을 두고 있는데, 〈악학궤범 樂學軌範〉 서문에, "노래는 말을 길게 하여 필律 에 화和하게 한 것이다 歌所以永言而和於律" 라는 구절은 언어와 노래의 관계를 말한 것이다. 말을 바탕으로 하여 노래가 만들어진다. 음악언어도 일반언어와 마찬가지로 음악의 모국어가 있고 그것은 억지로 만들거나 다른 나라에서 이입되는 것이 아니라 자생하는 것이다.[39]

우리 음악과 서양음악은 장단의 개념만 보더라도 다르다. 서양음악이 악보에 그려진 음표에 따라 짧은 단위의 박자 수로 규칙적인 음을 만들어 간다면, 우리 전통음악은 박자의 빠르기와 강약, 그리고 리듬이 장단의 형식인 느린 진양조부터 자진모리까지 다양하다. 또한 서양음악이 악보의 음표 안에서 연주자들이 연주하는 반면, 우리의 음악은 악보보다는 음악의 분위기 또는 연주자와 연주자 간의 인터플레이를 통한 호흡에 의해서 규칙성과 즉흥성이 서로 상호작용하면서 연주된다.

우리의 전통음악은 서양음악과 달리 화성보다는 선율을 중요시한다. 선율을 구성하는 각 음이 음악적으로 독특한 시김새와 의미를 갖는다. 그래서 어떤 음은 길게 떨고, 어떤 음은 끌어 내리고, 경우에 따라서 어떤 음은 변화를 주지 않고 평으로 낸다. 이러한 우리 전통음악의 선율은 음악을 구성하는 음조직 속에서 각각의 음이 독특한 기능을 갖는다. 바로 음을 변화시키는 기능을 하는 데 중요한 것이 농현弄絃 으로 '소리를 떨어 표현하거나, 퇴성退聲 으로서 소리를 끌어 내리는 것, 추성推聲 으로 소리

---

38) 김양동(2002), 앞의 논문, p.11.

39) 최종민, 『한국전통음악의 미학사상』, 집문당, 2003, p.127.

그림 2-4 우리의 전통음악 "판소리"

를 밀어 올리는 것이다. 농현이라는 말은 주로 우리 전통 현악기의 연주에 사용하지만 판소리나 민요 등의 우리 전통성악에서도 농현을 창법으로서 요성搖聲이라고 부른다. 또한 음악의 조調에 따라 농현음이 다르고 음의 고조와 폭이 다르다. 그래서 이 농현을 사용에 따라 우리 전통음악의 두 갈래라고 할 수 있는 정악과 민속악이 차이가 나는 것이다. 농현이 되도록 적게 사용되는 것은 정악이고, 속악에 속하는 판소리, 민요, 산조 등의 음악은 농현을 많이 사용한다. 그래서 그 느낌도 정악은 감정이 절제되어 정적인 음악으로, 판소리나 민요 등은 감정이 풍부하여 동적인 음악의 분위기를 만들어 낸다.

이 농현과 요성이 음조로 결합되어 우리의 음악적 정서로서 슬픈 느낌 또는 흥겨운 느낌을 만들어 내는데, 음조에 관하여 〈악학궤범〉에서는 "7

개의 조를 둘로 나누어 높은 조를 우조羽調라 하였고, 낮은 조는 낙시조樂
時調라 하였는데, 낙시조로 평조平調가 사용된다"라고 기록되어 있다. 물
론 조선 후기에 7조 가운데서 평조에서는 세가락이 많이 쓰였고, 우조 가
운데서는 팔조가 많이 쓰이게 되었다. 따라서 조선 후기에는 임종을 으
뜸음으로 삼는 조를 평조라 하고, 황종을 으뜸음으로 삼는 조를 우조라
부르게 되었다. 오늘날 정악에서는 평조의 인종을 으뜸음으로, 우조에서
는 황종을 으뜸음으로 하는 조가 가장 많이 쓰인다.

이렇듯 농현과 음조에 따라서 우리 음악은 화성이 없이도 미묘한 소리
의 변화를 만들어 낸다. 판소리의 발성법만 보더라도 서양의 오페라가
조형적인 소리의 미를 추구하여 슬픔과 기쁨의 감정을 표현하는 소리에
서 음의 고조와 빠르기로 고른음을 표현한다면, 판소리는 조형적인 미를
추구하는 소리라기보다는 슬픔과 기쁨의 감정표현을 판소리 사설의 내
용처럼 표현하여 그 표현영역이 다양하다. 그래서 외국인들이 판소리의
내용이 무엇인지 무슨 말을 하는지 알아듣지 못해도 눈물을 흘리면서 감
탄했다고 하는 것은 바로 판소리가 언어의 장벽을 넘어서 정서 표현의 극
치라고 할 수 있는 것이다.

최종민 교수는 한국 전통음악의 미학을 '생명력의 존중'이라는 근본정
신에서 한국 음악의 변화성, 다양성, 생명력이 나온다고 하였다. 그래서
이러한 여러 가지 요소들은 따로따로 존재하는 것이 아니라 함께 어울려
있는 것이다. 생명력을 존중하니까 개성을 찾게 되고, 개성을 중시하니
까 획일적이 될 수 없이 다양해지는 식으로, 전체가 유기적인 관계를 가
지고 존재하는 것이다. 어떻게 보면 생명력의 존중이라는 것이 의식의

가장 밑바닥에 있으면서 변화성이나 다양성이나 힘과 같은 표면의 현상을 만들어낼 수 있다고 하였다.[40]

　예술사적 의미에서 우리 전통공연예술이 자연친화적인 생명을 존중하는 의식에서 발전해 왔다고 할 수 있는데, 사회·문화적 배경으로서 풍류적 감성이 어떻게 민중의식 속에서 생성되었는가는 바로 우리 마을 공동체의식인 굿문화에서 찾을 수 있다. 그래서 국악계에서 남도 진도씻김굿에서 남도의 대표적인 민요인 육자배기와 시나위 가락, 그리고 살풀이춤이 생성되었다고 말한다. 마을 공동제의 세의식으로서 한 해 농사의 풍년과 마을 공동체의 안녕을 기원하는 마을굿은 제의식인 동시에 마을의 축제이다. 축제적 제의성에 의해서 가무악의 총체적인 연희문화가 발달하고, 이러한 연희문화가 오늘날 우리나라 전통공연예술의 장르를 이루게 되었다. 마을굿의 축제문화는 마당의 연희문화로서 모든 마을 사람들이 참여하여 축제의 주체가 되어 제의를 드리고, 제례음식을 나누어 먹으며飮福 함께 어울려 노래와 춤을 추는 대동놀이다. 마을굿에 참여하는 사람들은 개인적으로 삶의 부정 정서로서 맺힌 '한'을 사회적인 공동체 의식인 굿판에서 풀고, 사람과 사람이 어울리는 정적 정서로서 정을 나누며 연희판을 통해서 열정과 기쁨의 신명으로, 풍요와 번영의 공동체의 합일체이자 풍류 정서가 생성될 수 있었다. 오늘날 서구문화로 인해 우리 민중의식 속에 굿문화의 풍류정서가 표출될 수 있는 굿문화가 사라지면서 우리의 민족적 정서 속에서도 점차 우리 심성에 체화되었던 민중

---

40) 최종민, 앞의 책, pp.22~23.

적 풍류정서도 점차 사라졌다.

전통공연예술에서 "진정한 전통공연예술의 맛을 보려면 남도를 찾으라"는 예향남도의 말이 있다. 이 말의 의미는 바로 남도인에게 민중적 풍류정서가 남아 있다는 것인데, 그래서 "남도에 가서는 소리 자랑하지 말라"라는 것은 진정으로 남도인들은 전통공연예술의 멋과 흥을 안다는 것이다. 왜 이런 말이 나오게 되었을까는 바로 남도인에게 문화적 감성으로서 풍류의 정서가 남아 있기 때문이다. 이러한 요인을 부정 정서의 관점에서 보면, 오랜 세월 남도 지역이 평야지대로 사람들이 살아가기 좋은 곳이다. 그래서 농경문화가 발달하여 풍성한 먹거리 못지않게 지배계층의 착취로 인한 민중의 한이 많이 쌓였고, 근대에 와서도 남도지역이 산업화되지 않아 마을 공동체의식이 남아 있어서 오늘날까지 민중적 풍류정서로 '한'의 정서가 남아 있기 때문이다. 반면 정적 정서의 관점에서 보면, 남도지역이 비옥한 평야지대로서 남도지역 사람들이 자연의 심성을 닮아 그 마음도 유순하고, 다양한 농수산물의 먹거리 문화가 발달하여 다양한 맛의 미감이 발달하였다. 척박한 삶에서 느낄 수 없는 삶의 여유를 느낄 수 있는 집단적 놀이문화가 민중적 풍류정서로서 '흥'의 정서로 발달하게 되었다는 것이다.

지금까지 문화적 감성으로서 풍류를 예술사적 의미와 사회문화적 의미 또한 살펴보았는데, 공통적으로 한국의 민족적 정서는 자연이 주는 풍요와 재앙에 대한 숭배, 숙명의 공동체적 무의식 속 문화적 감성인 풍류의 두 가지 정서인 '한'과 '흥'이 생성되어 이것이 전통공연예술에 체화되었다고 볼 수 있다.

그림 2-5 ▶ 가야금병창

그림 2-6 ▶ 살풀이춤

그림 2-7 민속악연주

그림 2-8 사물놀이

4 풍류감성으로서 한과 흥

1) 한의 정서

(1) 민족적 정서로서 '한'

우리는 '한恨'의 의미를 부적의 정서 우울·억울함·분노·좌절·원한·한탄 등의 정서로 인식한다. 이러한 감정은 비애적 감정으로서 패배와 억압 등에 의해서 나타나는 체념적 심리 현상으로 인식하고 있다.

시인 고은은 한恨을 "우리 민족의 영구적인 절망이 낳은 체념과 비애의 정서"라고 주장했고, 심리학자 최상진 교수는 한의 심리를 구분하는 원리로서 한을 "외로움 같은, 허전함 같은, 서러움 같은, 슬픔 같은, 서정 같은, 괴로움 같은, 비참함 같은, 아쉬움 같은, 뉘우침 같은, 혹은 원망 같은 복합감정이다. 한은 외로움, 허전함 같은 한恨은 성격특성이나 정조情操 : sentiment 수준, 괴로움, 슬픔, 혹은 서정 같은 한은 비참, 처절한 아픔, 원망이 서린 한은 정동情動 : emotion 수준의 한에 가깝다"라고 하였다.

심리적 정서로서 한의 의미는 우리 민족에게만 통용되는 의미인데, 우리나라에서 체념적 정서로 한을 사용하는 반면 동아시아권인 중국이나 일본에서는 한과 비슷한 의미로 원怨을 원망의 개념으로 인식하고 있다.

체념적 정서인 한의 의미가 내부적 자아로 향하는 심리의 작용으로서 정적靜的인 감정이라면, 원망의 정서인 원의 의미는 타자중심적으로 향하는 심리의 작용으로서 동적動的인 감정으로 외부적으로 표출된다.

한의 감정은 분노·좌절·비애의 부정적 감성으로로서 심리적 상태가 일시적 자극의 강도 강약에 따라 즉흥적으로 생성되는 감성작용이라기보다는 부정적 감성이 축척되어 그것에 대한 감정의 무감각적 상태 또는 마음이 공허한 상태의 자기적응과정이다. 여기서 말하는 자기적응과정은 숙명처럼 받아들이는 심리적 작용으로서 관조적 인생관을 수용하는 것이다. 또한 한의 감정은 개인적 감정의 상태이기도 하고 그것이 집단적 양상으로 감정이 전이되는 과정이기도 하며, 내면적으로 향하여 무의식 속에서 깊이 내재되었다가 그것이 표출되면 강렬한 심리적 에너지를 발산한다. 그래서 우리는 한의 동사적 의미로 '한이 맺히다', '한을 품다', '한이 응어리지다', '한을 풀다'라는 의미의 동사를 사용한다. 이 동사들에는 한의 생성과 소멸의 맺음과 풀림의 대립적 구조로 '맺히다'는 타인에 의해서 한이 생성되는 심리적 과정으로 의미를 해석할 수 있고, '품다'와 '응어리지다'는 이미 생성된 한이 심리적으로 지속되는 내면적 과정을 의미한다. 반면 '풀다'는 한을 소멸하는 과정으로서 심리적이든 행동적이든 외부로 한을 표출되는 과정을 의미한다. 그렇다면 한의 정서가 어떻게 공동체적 정서로서 우리 민족의 정서가 되었는가는 우리 역사 속에서 살펴볼 수 있다. 한의 생성원인에 대해서 2가지 공통적인 견해로서 전쟁과 유교사상을 들고 있다.

첫째, 반도국가로서 잦은 외침과 민란으로 인해 백성들이 죽음에 대한 공포와 공동체 일원의 상실, 삶의 터전에 대한 상실 등에서 오는 심한 우을증의 심리적 퇴행현상으로 보고 있다.

둘째, 계층의식에 의해서 생성된 것이다. 국가적 통치이념으로서 유교사상이 지배계층과 피지배계층에 이르기까지 의식 속에 널리 형성되었기 때문에 이러한 계층의식에 의해 반상적서班常嫡庶 · 남존여비 男尊女卑 · 계층 간의 소외감은 집단공동체적 한의 정서를 생성시키는 데 중요한 원인을 제공하였다. 그래서 양반과 천민의 계층의식으로 억압받는 천민계층에는 인간으로서의 자유와 평등이 보장되지 못하였다. 남존여비의 윤리의식은 여성을 종족번식 및 향락의 대상으로 삼았고, 남성 위주의 가부장적 사회를 형성하여 여성은 가부장적 사회에 종속되어 살아가는 존재로서 여성이 남성과 똑같은 자유와 평등을 누리는 것은 금기시되어 왔다. 그래서 한의 정서가 여성에게서 많이 나타나는 이유가 바로 남존여비의 가부장적 사회가 만들어낸 부정 정서인 것이다. 계층 간의 소외감은 바로 지배계층이 피지배계층의 수탈과 억압에 의해서 빈부격차에 따른 사회경제적 소외감 등이 한을 생성시키는 요인이 되었다는 것이다.

반면 한의 풀림구조는 직접적인 풀림과 간접적인 풀림의 구조를 갖는데, 적극적인 한을 풀림은 한을 맺히게 한 대상에 대한 외적 표출로서 복수 · 용서 · 화해 등의 행위를 통해 한을 푸는 방식과, 소극적인 한의 풀림은 종교적 체험과 예술적 체험을 통한 한풀이 방식이다.

종교적 체험은 민간신앙으로서 굿의식인데, 굿은 정서적으로 정신의 해방과 자유를 지향하는 정서감의 의식적 표출행위이다. 한풀이 굿의식에 있어서 대표적인 것이 바로 진혼의례로서 오귀굿이다. 오귀굿은 죽은

그림 2-9 ▶ 진도 씻김굿을 무대공연화한 무용공연

사람이 생전에 이루지 못한 소원이나 원한을 풀어 주고 죄업을 씻어 극락천도를 기원하는 무속의식으로 동해안의 어촌이나 경상도 지방에서 행해지는 진혼굿이다. 예술적 체험을 통한 한풀이 방식은 우리의 연희문화 속에서 발견할 수 있는 대표적인 것이 판소리·민요·가면극 등이다. 소극적인 한의 풀림은 수동적이고 간접적인 방식으로 체험을 통한 정서의 순화작용Catharsis 이 맺힌 한을 푸는 작용이다. 특히 예술적 체험을 통한 한풀이 방식이 우리 전통문화의 풍류감성으로서 한의 의미이라고 할 수 있다.

(2) 풍류감성으로서 '한'

풍류감성으로서 한은 일종의 예술적 체험을 통한 한풀이이다. 예술적 체험으로 한풀이는 예술행위에 대한 감상 또는 참여를 통해 예술과의 상호작용으로 예술의 미적 정서와 심리적 한 정서가 서로 융합되어 그것이 내적과 외적 표출행위로서 눈물 또는 감동 등의 정서적 순화작용 과정에서 일어나는 것이다.

우리가 민속예술이라고 부르는 것은 민중의 삶속에서 발생한 예술이다. 그래서 한을 발생시키는 반상적서·남존여비·계급적 소외감 등의 억압적인 요소는 없다. 그래서 일반 백성이면 누구나 관람하고 참여할 수 있었다. 또한 민속예술에는 풍자와 해학의 정신이 깃들어 있는데 그것은 지배계급에 대한 저항이자 피지배계층의 한을 푸는 일종의 정서적 한풀이의 굿판이라고 할 수 있다. 우리 전통예술에서 한풀이의 예술적 체험은 다양한 예술장르에서 찾아볼 수 있는데, 판소리를 비롯하여 민요, 탈춤, 가면극, 시나위, 산조, 민속무 등이 대표적이라고 할 수 있다.

한의 정서가 표출되고 정서적 순화작용을 일으키는 예술적 요소로서 가사·사설·화성·춤사위 등이 있는데, 우리가 판소리를 감상한다고 할 때 판소리의 사설내용을 들으며 어떤 대목에서는 슬픔의 정서를 느끼게 되고, 또 어떤 대목에서는 기쁨의 정서를 느끼게 된다. 예를 들어, 판소리 '춘향가' 중 쑥대머리 대목은 일부종사의 신념을 굽히지 않는 춘향이 벽학도의 수첩을 거절하여 옥에 갇힌 자신심정과 이몽룡에 대한 그리움을 표출하는 대목이다. 춘향이 이몽룡에 대한 그리움이 사무쳐 한이 되었다는 것을 춘향가 사설속에서 보여준다. 이 대목에서는 춘향의 애절한 심정을 담은 가사와 꺾거나 떠는 발성의 슬픈 목소리가 관객으로 하여금 심금을 울리게 한다.

쑥대머리 귀신형용 적막옥방에 찬자리에

생각난 것이 임뿐이라 보고지고 보고지고 한양낭군 보고지고

우리님 정별후로 일장서를 내가 못 봤으니.

부모봉양 글 공부에 겨를이 없어서 이러는가.

여의신원 금슬위지 나를 잊고 이러는가.

개궁항아 추위이얼월같이 번뜻아서 비치고져

막왕막래 막혔으니 앵무서를 내가 어이보리.

반전반측에 잠을 못이루니 호접몽을 어이 꿀수 있나

손가락의 피를 내어 사정으로 편지하고

간장의 썩은 눈물로 임의 화상을 그려볼까.

이화일지춘대우로 내 눈물을 뿌렸으니.

야우문령단장성에 비만 많이 와도

님의 생각 녹수부용 채련여와 제롱망채에 뽕따는 여인들도

낭군생각 일반이라 날보다는 좋은 팔자

옥문밖을 못나가니.

뽕을따고 연 캐것나 내가 만일에 도령님을 못보고

옥중고혼이 되거드며 무덤근처 섯는 나무는 상사옥이 될 것이요.

무덤앞에 있는 돌은 망부석이 될 것이니.

생전사후이 원통을 알아줄 이가 뉘 있드란 말이냐.

민요의 경우 대표적으로 한의 정서가 표출되는 민요가 바로 강원도민요 '한오백년'이다. 이 민요의 가사 속에는 한의 정서가 아주 극적으로 표현되어 있는데, "한많은 이 세상 냉정한 세상 동정심 없어서 나는 못살겠네. 아무렴 그렇지 그렇지 말고~"의 대사 속에는 응어리진 한과 그것에 자조적 정서가 동시에 표출되어 있다.

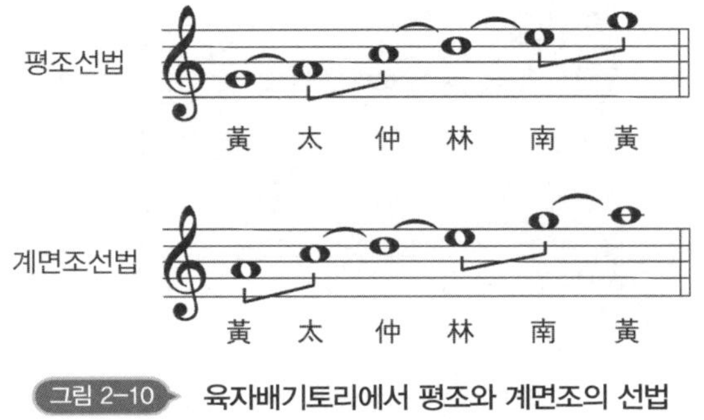

그림 2-10　육자배기토리에서 평조와 계면조의 선법

남도의 무속음악에서 유래된 시나위 가락이나 육자배기토리 창법에도 한의 정서가 표출되는데, 시나위는 오늘날 육자배기토리로 허튼 가락을 연주하는 합주곡의 의미로 사용된다. 그래서 살품이춤의 반주음악으로 쓰일 때는 살풀이라 불린다. 무가 반주음악으로도 쓰이므로 일명 심방곡이라고도 한다. 시나위는 다성적 多聲的, Polyphony · 이음성적 異音聲的, Heterohony 성격을 띠고, 즉흥적인 허튼 가락을 지니며 유동음을 많이 사용하는 특징을 지닌다. 이 음성은 서로 상이한 선율을 대對가 되게 연주하는 것을 말하는데, 한에 내포된 내면적 갈등을 구체화하는 데 효과적인 표현수단이 될 수 있다. 또 시나위는 심한 요성搖聲과 퇴성退聲을 사용하므로 슬픈 느낌을 자아낸다. 시나위는 조선 말기에 산조와 판소리 잡가에 영향을 주었다. 이런 점들을 종합해 볼 때, 시나위는 한의 본질적 특징을 가장 잘 나타낼 수 있다.[41]

우리나라의 연주음악 속에서도 한의 정서는 음계에서도 표출되는데, 우리가 살풀이 반주 음악의 시작 부분을 들으면 깊은 비애감을 느끼는 것

---

41) 신은경, 앞의 책, p.345.

그림 2-11　우조와 계면조의 음계

도 바로 계면조의 시나위 음악이 주는 음악적 정서가 심리적 정서와 결합
되어 비애감을 느끼게 한다. 국악 음계에서 계면조가 애원격렬 哀怨激烈 또
는 애원처창 哀怨悽愴 으로 슬프게 원망하는 듯한 소리의 애처로운 여성을
표현한다면, 우조는 청장격려 淸壯激勵 또는 청철장려 淸澈壯勵 로 맑은 소리
의 굳세고 씩씩한 남성적인 느낌으로 표현한다. 서양음악에 비유하면 우
조는 장조이고, 계면조는 단조이다.

2) 흥의 정서

(1) 민족적 정서로서 '흥'

우리 민족에게 '흥'의 정서는 그 동안 '한'의 정서에 가려져 빛을 보지 못
했다. 그 원인은 유교가 국가통치 이념과 실천윤리로 자리잡은 조선시대
부터 일제강점기, 해방 후 한국전쟁, 정치적 혼란기, 군사정권 등을 거치
면서 한의 정서가 지배적이었기 때문이다. 그러나 상고시대부터 남녀의
자유로운 연애 · 남녀평등 · 재혼이 가능했던 고려시대 초기까지 우리 민

족의 지배적인 정서는 흥의 정서가 지배적이었다. 이러한 논리는 우리의 고대 문헌에 기록된 고대국가의 풍속에서 원인을 찾을 수 있기 때문이다. 그리고 1990년대 민주화 시대와 2000년대 대중문화 속의 자유를 만끽하는 세대에서 그 동안 우리의 무의식 속에 자리잡고 있던 '흥'의 정서가 외부로 표출되는 여러 문화현상을 목격하게 된다. 2002 월드컵 응원문화같은 집단공동체의 역동적 감성 표출의 문화현상이 바로 흥의 정서적 표출로서 이제 대중문화 속에서 자리잡고 있다.

우리가 일상생활에서 사용하는 '흥'의 정서와 밀접한 판게기 있는 표현들을 보면, '어깨춤이 절로 나니 흥이 난다', '흥청망청', '신이 난다', '흥겹다', '흥을 돋우다', '신명나네', '여흥을 즐긴다' 등 흥과 관련된 다양한 표현들을 사용하고 있다. 이러한 표현들을 살펴보면, '흥'이라는 의미가 심리적 상태가 의식적이든 무의식적이든 마음이 흥분되거나 기쁨에 넘쳐 외부의 행동으로 정서적 상태가 표출된다는 의미를 갖고 있다. 흥의 또 다른 표현으로서 '신' 또는 '신명'의 의미는 무당이 "신과 하나 되는 순간", 즉 무아지경 또는 황홀경 등의 의미를 내포하고 있다. 또한 '흥청망청'의 의미는 '흥에 겨워 마음대로 즐기는 모양'의 부사어로서 흥의 정서가 충만하여 즐거움을 느낀다라는 '락樂'의 의미로도 해석된다. 이렇게 흥의 정서와 관련된 표현들은 흥분興 · 기쁨樂 · 무아지경無我之境 · 충만充滿 · 긍정肯定 등의 의미들을 내포하고 있다.

한의 정서는 내적으로 향하는 응집된 정서로서 외형적으로 드러나지 않는다. 또한 정서적 표현이 대부분 "맺힘과 풀림"에 의미 표현구조를 갖는 반면, 흥의 정서는 외적으로 향하는 발산의 정서로서 어떤 정서적 행위를 동반하게 되는데, '어깨춤이 절로 난다'라는 구체적 정서의 표출행위라든지 '흥이 나니 태평가나 불러보세' · '놀아보세'의 유희적 표출행위, '지화자 얼쑤' 같은 감탄사의 표현이 사용된다.

우리의 민족적 정서로 흥은 더 큰 의미를 내포하는데, 공동체적 문화의 표현으로서 흥은 개인의 정서적 표현이기보다는 공동체적 정서 표현으로 '어울림'의 이미지가 연상된다. 그래서 '우리나라 사람은 슬픔을 나누는 데는 인색해도 기쁨을 나누는 데는 인색하지 않다'라는 말이 있듯이 흥의 정서는 나누고 함께 어울리는 집단적 향유의 공감대가 큰 정서이다. 또한 인간이 현실세계에 맺는 관계에 있어서 인간관계를 동적으로 만들고 상호 긍정적인 정서감을 형성시킨다.

(2) 풍류감성으로서 '흥'

흥의 정서적 표출형태는 의성적이든 행위적이든 모두 역동적인 즐거움을 표현하는 것이다. 그래서 예술적 정취로서 흥의 정서에는 놀이문화가 늘 수반되는데, 전통연희문화로서 판소리, 가면극, 민요, 농악놀이 등을 살펴보면, 흥에 대한 정서의 표출방식이 다양하다는 것을 알 수 있다. 예컨대 판소리와 가면극의 경우 풍자와 해학의 대사와 몸짓, 관객과의 소통으로서 제스처와 소리는 바로 소통이자 참여를 이끌어내는 일종의 커뮤니케이션 수단이다. 그래서 판소리에 창자가 소리를 하는 동안 관객이 추임새를 넣는데, 창자가 풍자적이고 해학적인 대목을 부르면, 그 정서에 맞게 관객은 고수의 장단과 어우러져 큰소리로 "얼쑤", "얼씨구", "좋다"라고 추임새를 넣어 창자를 북돋아 주고, 반면 창자가 구슬픈 대목을

그림 2-12   "남도민요" 공연

부르면 그 정서에 맞게 관객은 조용한 소리 "어이"라는 추임새를 넣으며 관객을 소리판에 참여시킨다. 또한 가면극에 등장하는 다양한 탈을 쓴 연희자가 관객을 향해 조롱하거나 또는 관객에게 다가가가 해학적인 몸짓 또는 소리를 건네는 것은 바로 관객을 연희판에 참여시키는 소통의 행위이다.

예를 들어, 판소리 5대가 중 '홍보가'의 화초장 대목을 들어보면, 바로 흥의 정서를 읽을 수 있다.

"이리 내 놔라, 내가 짊어지고 갈란다."
"형님 건너가시면 내일 하인에게 지어 보낼테니 그냥 건너가십시오"
"에이 씨식잖은놈, 나 간 뒤에 좋은 보물은 다 빼내고 빈 궤만 보낼라고?
아니다 매사는 불여튼튼이라 허였으니 내가 그냥 손수 짊어지고 갈란다.

그림 2-13　창극 "흥보가" 중 박타는 장면

그림 2-14　창작창극 "불효자 각설이의 탄식"

이리 내 놔라."
놀보가 화초장을 짊어지고 가며 잊어버릴까봐 외고 가는디,
"화초장 화초장 화초장, 화초장 하나를 얻었다.
얻었네 얻었네 화초장 하나를 얻었다."
또랑을 건너뛰다,
"아차! 내가 잊었다. 초장 초장? 아니다 방장 천장? 아니다. 고추장 된장?
아니다 송장 구들장? 아니다."
이놈이 거꾸로 붙이면서도 모르겄다.
"장화초? 초장화? 아이고 이거 무엇이냐?
갑갑하여서 내가 못살겄다. 아이고 이거 무엇이냐?"

판소리의 장단에서도 장단을 조이고 푸는 역동성은 장단, 가락, 시김새 등이 유기적으로 한데 어우러져 흥의 정서적 리듬감을 형성하는 데 생명력을 불어넣는다. 창자의 소리청에 있어서도 판소리의 청은 '예쁘고 청아한' 목소리보다는 쇠망치 소리와 같이 견고하고 강한 '철성'과 쉰 듯이 껄껄하면서도 힘으로 충만된 '수리성' 합쳐진 것을 하늘에서 내린 목소리라는 뜻으로 '천구성'이라 하여 최고의 판소리 창법으로 보고 있다. 이것은 관객에게 내용의 전달의 명확함과 몇 시간 걸리는 판소리 완창에도 쉽게 지치지 않고 흥의 역동성으로 소리판을 이끌어가기 위한 것이다. 또한 판소리에서 창자의 발림은 광대의 연기로서 관객에게 풍자와 해학을 제공하는 흥의 생명성을 제공한다.

우리 전통공연예술에서 흥의 정서를 불러일으키는 요소가 바로 엇박자이다. 엇박자라는 것이 기본 박자의 진행과 엇갈려 진행하는 것인데, 삶 속에서 일상성을 일탈할 때 느끼는 자유이자 상식에 대한 비상식의 의

미가 바로 이 엇박자의 묘미이다. 우리는 상식적인 말과 행위에 반하여 비상식적 말과 행위를 할 때, 웃음을 유발하는데 이것이 바로 풍자와 해학의 요소가 된다. 또한 엇박자는 마치 박자감각을 잃어서 엇박자를 치다가 다시 기본 박자의 진행을 회복하는 동안 즉흥적 연주가 동반되는데, 즉흥성의 묘미는 바로 얽매이지 않는 자유분방함이다. 그래서 승무, 살풀이, 태평무, 북춤 등 우리 전통춤에서 엇박자를 타는 동작에서 각각의 춤이 갖는 묘미를 느끼게 된다. 엇박자 장단은 판소리에서도 엇머리 장단에서 관객은 흥겨움을 느끼게 된다.

흥의 정서가 충만하여 정신이 한 곳에 온통 쏠려 스스로를 잊고 있는 경지인 무아지경에 이르면 신명의 정서로 발전한다. 신명은 신과 인간이 교감하는 무속적 용어로 '신들림', 일상적 용어로 '신바람'으로 표현된다. 신명의 체험은 인간의 감정을 넘어서 초자연적인 신비를 체험하는 것이다. 우리는 신명을 굿판, 농악놀이, 대동놀이 등에 자주 사용한다. 이 표현을 이러한 놀이문화에 사용하는 것은 무속문화에서 신명이라는 표현이 나왔기 때문인데, 집단공동체의 풍류문화로서 우리는 축제의 기원을 바로 마을굿에서 찾는다. 굿판은 신과 인간이 교감하는 장소이자 인간이 신에게 기원을 드리고, 공동의 안녕과 평화를 기원하는 음주가무적 대동놀이의 장소이다. 따라서 신 앞

그림 2-15 남사당놀이 "줄타기" 공연

그림 2-16 "판굿" 공연

에 인간은 자유롭고 평등하며 인간이 신을 맞이하고 신은 인간을 맞이하
듯이 굿에 참여한 인간과 인간 사이에는 경계가 없이 자신의 열정을 다해
신을 맞이하여 그 열정이 서로 화합하여 신명나는 난장판을 만드는 것이
다. 그래서 신명은 신과 인간이 교감하는 동시에 인간의 내면에 응어리
진 한을 풀고, 음주가무의 열정을 통해서 일상의 일탈과 해방감을 맛보

그림 2-17 판소리 '흥보가'를 창극화한 '놀보전' 공연

그림 2-18 ▶ 판소리 '심청가'를 창극화한 '빽파전' 공연

는 것이다. 그래서 '굿판', '판소리', '판굿', '살판', '난장판' 등에 '판'의 의미를 붙이는 것은 공동체의 공간이자 해방의 장소로 판의 문화에 참여하는 인간은 어떤 억압도 제약도 받지 않고 누구나 평등하고 자유로운 자신의 열정을 풀어내는 공간이기 때문이다. 그래서 인간은 판을 통해서 흥을 발산하고, 그 흥이 사회적 공동의 정서로 자아에서 타자로 전이된다. 전이된 흥의 정서의 교감이 이루어지면 너와 나의 구분 없이 오로지 흥취 상태에서 놀이 속에 너와 내가 하나가 되는 신명 속의 난장판을 만들어 내는 것이다. 이러한 신명나는 판의 문화 속에서 흥의 정서는 생명력이 있는 정서로서 역동, 소통, 공생, 화합, 희망의 삶에 대한 에로스적 의미를 구현하는 것이다.

제3장

삼국시대 속악가사의 문화콘텐츠화 방안

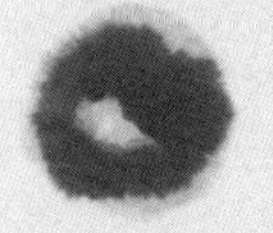

1

개 요

문화는 한 시내를 이루는 사회·정치·경제 등 모든 것들을 반영하는 거울이다. 시대가 변함에 따라 어떤 문화는 사라지기도 하고, 어떤 문화는 살아남아 시대적 요구에 맞게 변화되고 발전·계승된다. 이러한 관점에서 볼 때 삼국시대 속악가사俗樂歌詞는 고구려·백제·신라의 음악으로 당대의 사회와 문화를 반영하는 전통문화의 한 형태라고 할 수 있다.

속악俗樂이라는 명칭은 고려시대 음악을 구분하는 개념으로서 향악鄕樂으로 민간에게 전승되는 음악을 말한다. 오늘날까지 문헌에 남아 있는 삼국시대의 속악가사는 고려시대 〈고려사〉 악지에 기록된 속악가사들이 전하고 있다. 이러한 속악가사들은 문헌의 기록으로만 전하는 것도 있고, 몇몇 속요들은 고려시대에도 전승되고 새로운 형태의 문학적 요소와 결합되어 조선시대까지 영향을 주어 오늘날까지 전승되고 있는 것도 있다. 즉 삼국시대를 살았던 사람들이 공유하는 가치와 태도가 반영된 속악가사는 시대가 변화하면서 어떤 것은 사라지고, 어떤 것은 오늘날까지 전승되어 오며 새로운 문화적 부유물이 첨가·수정되어 새로운 문화 형태를 이룬다. 시대적 문화의 전승과정은 오늘날 문화콘텐츠의 논점에서 살펴본다면 상호작용성으로 이해될 수 있다. 과거의 문화가 현재의 문화속에서 새로운 문화와의 상호작용을 통해 또 다른 문화를 만들어 낸다고 할 수 있다.

정보통신의 발달로 인해 생겨난 개념인 콘텐츠는 오늘날 단순한 정보나 지식이 아닌 그 의미 이상의 것으로 받아들여지고 있으며 계속해서 그 의미를 확장해 가고 있다. 콘텐츠는 디지털·미디어에 국한된 개념이 아니라 우리 일상의 모든 분야에 적용가능하며 문화산업에서 전통문화콘텐츠라는 새로운 영역까지 그 의미를 확장해가고 있다. 바로 다양한 영역으로 콘텐츠의 개념이 확대 재생산된다는 것은 콘텐츠가 갖는 특징인 상호작용성에서 기인한다고 할 수 있다. 매체간의 상호작용성을 전통문화콘텐츠에 적용한다면 판소리에서 그 실례를 찾을 수 있다. 한국의 전통문화유산에 속하는 판소리는 원래 단순한 '구비 설화'에서 유래되어 그것이 민간에서 구비 전승되면서 새로운 문학적 형태라고 할 수 있는 '판소리'라는 형태를 갖추게 된다. 다시 판소리가 근대적 공연예술이라고 할 수 있는 연극과 접목되면서 '창극'으로 발전되었다. 또한 오늘날에 판소리는 창극에서 벗어나 뮤지컬과 결합되어 '국악뮤지컬'로 발전하고 있다. 오늘날 판소리라는 원형은 보존되면서 새로운 공연예술콘텐츠와의 상호작용을 통해 새로운 장르적 개념을 생성된 예라고 할 수 있다. 이러한 판소리의 전승과정에서 일어나는 상호작용과 마찬가지로 다른 전통문화콘텐츠도 현재 발굴·복원·재창작·기술접목으로 시대적 요구에 맞는 새로운 문화콘텐츠로서 발전하고 있다.

그러나 아직 삼국시대의 속악가사는 새로운 문화콘텐츠로서 개발되지 못하고 있는 실정이다. 이러한 원인은 무엇보다도 삼국의 속악가사에

그림 3-1 전남도립국악단 국악뮤지컬 "울돌목에 핀 해당화 – 어란"

관련된 다양한 역사적 문헌자료가 없다는 것이고, 〈고려사〉 악지 편에
전하는 삼국시대 속악가사들이 전부라는 것이다. 또한 속악가사들도 그
리 많지 않으며, 그 내용도 간단히 서술하고 있어서 악보나 노래가사 등
이 구체적으로 전하지 않아 문헌고증이 어렵다는 것이다. 그러나 지난
2005년 TV드라마가 제작되어 대중적으로 사랑받았던 〈서동요〉의 사례
를 살펴본다면, 삼국시대의 속악을 새로운 문화콘텐츠화할 수 있다는 연
구목적을 제시해 주었다. 원래 백제의 서동설화에서 유래된 향가 〈서동

그림 3-2 전남도립국악단 국악뮤지컬 "무럭이네 가족 귀신소동 – 똥떡이야기"

요)는 오늘날 출판·방송콘텐츠로 제작되어 대중화되었다. 삼국시대 속악가사를 문화콘텐츠화하는 것은 오늘날 다양한 콘텐츠의 기능을 접목하여 새롭게 재창조하는 과정을 통해서 문화콘텐츠화할 수 있다는 것을 말한다.

현재 삼국시대 속악가사에 대한 선행연구는 그리 활발히 이루어지지 않은 상태이다. 주요 연구 분야도 통사론적 관점에서 국악과 인문학에 중심을 두고 있고, 현재까지 문화콘텐츠화에 관한 선행연구가 없는 상황이다.

삼국시대 속악가사들은 콘텐츠를 생산하는 생산자의 측면에서 구체적으로 음악과 가사는 전하지 않으나 유래와 설화적 내용으로 볼 때 문학

그림 3-3 TV드라마 '서동요'

적 텍스트로서 서사적 요소, 시대의 사회상 및 정서를 반영하는 원형성을 갖추고 있다. 수용자의 관점에서도 상호작용을 할 수 있는 세대적 정서의 공감대를 형성하는 이야기적 소재를 갖추고 있다. 결국 이러한 요건은 매체 간의 상호작용을 통해서 출판·음반·영화·공연 등으로 콘텐츠화할 수 있다는 가능성을 제시해 준다.

본 연구는 〈고려사〉 악지 속악조에 전하는 고구려의 속악가사 〈내원성〉, 〈연양〉, 〈명주〉와 백제의 속악가사 〈무등산〉, 〈방등산〉, 〈지리산〉, 〈정읍〉, 〈선운산〉, 그리고 신라 속악가사 〈동경〉, 〈여니산〉, 〈장한성〉, 〈이견대〉, 〈목주〉 총 14작품을 연구 범위로 정하였다. 문학의 텍스트 분석의 도구로서 기본적인 원리를 제공하는 사이무어 체트먼Symour

Chatman의 서사구조와 담론의 형식을 삼국시대 속악가사의 서사구조로 분석하는 데 활용한다. 이러한 문학적 텍스트를 분석한 결과를 토대로 문화콘텐츠화하는 과정에서 출판·영상·공연의 매체들이 갖는 특성에 맞게 속악가사들이 어떻게 창조적 변환하여 콘텐츠화되는지를 살펴볼 것이다. 따라서 본 연구는 거시적 관점에서 인문콘텐츠학적 접근방식으로 콘텐츠의 연구 방향성을 갖고 삼국시대 속악가사들을 분석하였다. 또한 미시적인 관점에서 속악가사들을 다양한 문화콘텐츠화하는 연구 목적을 얻기 위해서 문화콘텐츠 마케팅론 OSMU One Source Multi Use인 전략을 활용하여 문화콘텐츠화할 수 있는 방안을 제시한다.

2
문화원형으로서 삼국시대 속악가사

국악의 궁중음악을 분류할 때 일반적으로 아악, 당악, 속악 또는 향악으로 구분하고 있다. 궁중음악의 분류방식은 고려시대의 문헌기록에서부터 연유되었다고 할 수 있는데, 삼국시대 속악들이 기록되어 있는 〈고려사〉 악지의 궁중음악은 아악, 당악, 속악으로 구분하고 있다. 이러한 이유는 고려 예종 11년인 1116년에 대성악이 소개되고 아악이 점차 궁중에서 사용되었기 때문에 그 이전까지의 궁중음악은 속악과 당악으로 양분되어 발전해 왔다.

속악이라는 말은 악지에서 향악이라는 명칭과 혼용되어 사용되었는데, 여기서 말하는 향악이라는 것은 최치원의 〈향악잡영鄉樂雜詠〉 5수에서 비롯된 명칭으로 당악과 구별되는 개념이다. 속악은 통일신라의 속악 전통을 계승하여 고려시대에 발전시킨 음악문화의 총칭이고, 당악은 통일신라시대의 당악전통에 송나라의 음악문화가 결합된 중국계 음악을 총칭한다. 이러한 용어 구분에 대한 기록은 송나라의 역사가 기록된 〈송사〉의 〈고려전〉에서 고려 음악을 간략히 언급한 것이 있는데, 당시 고려의 음악에는 좌우 2부가 있는데 좌부에는 당악이라고 하여 중국의 음악이고, 우부는 향악이라고 하여 고려 자체의 음악[42]이라고 설명하고 있다.

이 기록을 볼 때 속악이라는 개념은 고려시대 향악과 동일하게 우리 음악을 지칭하는 것으로 사용되었으며, 이것은 당악을 포함한 광의의 개념으로서 또는 향악만을 지칭하는 협의의 개념으로서 사용되기도 하지만 지금까지 삼국속요 또는 삼국속악에 대한 선행연구에서 협의 개념으로 한정하여 사용해 왔기 때문에 속악의 가사라는 관점에서 속악가사라고 명칭을 한정하고자 한다. 현재 삼국시대의 속악가사로 전하는 것은 고구려가요 3편, 백제가요 5편, 신라가요 6편인데, 고구려의 속악가사는 〈내원성〉, 〈연양〉, 〈명주〉이고, 백제의 속악가사는 〈무등산〉, 〈방등산〉, 〈지리산〉, 〈정읍〉, 〈선운산〉이다. 그리고 신라의 속악가사는 〈동경〉, 〈여니산〉, 〈장한성〉, 〈이견대〉, 〈목주〉가 있다. 총 14편의 삼국시대 속악가사가 고려시대 악지로 수록되어 있다.

삼국시대 가요들이 고려시대 초기의 음악 기록서인 악지에 수록되게 된 배경은 통일신라 이후 후삼국시대로 분열된 사회 · 정치 · 문화적 통합이자 고려 초기 민중에서 널리 불리던 속요들이 삼국시대 속악가사의 영향력 아래에 있었기 때문이다. 특히 고려의 정치적 세력은 지방 호족 세력의 통합으로 삼국의 자체 지방 민요를 궁중의 속악으로 채택 · 수용하였는데, 고려 건국 초기 중국의 정치문화적 속국이 아닌 자주독립국으로서 삼국시대의 문화적 계승을 통하여 내적 통합을 이루고자 하는 목적에 초점을 두었다는 논리가 현재까지 지배적이다. 그러나 고려사 악지에 전하는 14편의 삼국시대 속악가사 밖에 없다는 것은 삼국시대의 기록문

---

42) 차주환, 『고려당악의 연구』, 동화출판공사, 2001, p.24.

화가 한자로 주로 지배계층에게만 활용되었기 때문에 민중들의 민요라고 할 수 있는 속악가사는 민중 사이에서 구비전승으로 세대를 거듭하면서 조금씩 변화과정을 거쳐 고려 초기까지 전승되었을 것이라고 추측할 수 있다.

그러면 〈고려사〉 악지에 기록되어 있는 삼국시대 속악가사를 원문과 해석본으로 소개하겠다.

1) 고구려의 속악가사

악지에 소개된 고구려의 속악가사는 총 3편으로 〈내원성〉, 〈연양〉, 〈명주〉이다.

〈來遠城〉 來遠城在靜州卽水中之地. 狄人來投置之於此名其城曰來遠歌以紀之.

내원성來遠城은 고구려 이래 압록강의 검동도黔同島 에 설치되었던 성이다. 지금의 평안북도 의주군에 있는 성으로 북방 오랑캐가 귀순하여 오면 이곳에 두었고 이 노래로써 기념하였다고 한다.

〈延陽(延山府)〉 延陽有爲人所收用者以死自效比之於木曰：“木之資火必有戕賊之禍. 然深以收用爲幸雖至於灰燼所不辭也.”

연양延陽, 연산부(延山府)은 평안도 영변에 사는 어떤 사람이 그 지역에서 한 사람에게 신임을 받고 채용되어 죽기를 무릅쓰고 열심히 일했다는 것을 나무에 비유하여 노래한 것이다. 자기를 나무에 비유해서 말하기를, "나무가 불을 도우려면 반드시 자체를 해치는 화를 초래하지만, 그래도 쓰여 지는 것을 다행하게 생각하고, 비록 재가 되어 다 타버리기에 이른 바 되어도 사양하지 않는다"고 했다. 이 가사는 지방 관리로서 나라의 충성을 다한다는 것을 노래한 것이다.

世傳書生遊學至溟州見一良家女美姿色頗知書. 生每以詩挑之女曰："婦人不妄從人待生擢第父母有命則事可諧矣." 生卽歸京師習擧業. 女家將納壻女平日臨池養魚魚聞警咳聲必來就食女食魚謂曰："吾養汝久宜知我意."將帛書投之有一大魚跳躍含書悠然而逝. 生在京師一日爲父母具饌市魚而歸剝之得帛書驚異卽持帛書及父書徑詣女家壻已及門矣. 生以書示女家遂歌此曲. 父母異之曰："此精誠所感非人力所能爲也."遣其壻而納生焉.

명주溟州는 지금의 강원도 강릉지역에 속하는 지역이다. 세상에 전하기를 서울의 어느 서생書生이 외지로 나가 과거공부를 하는데 명주땅을 밟게 되고 그곳에서 한 양가良家의 딸을 만나게 되었다. 서생은 딸의 미모에 반하였고, 그 딸도 서생의 마음을 잘 알아주어 서생은 번번이 시로써 그녀와 정분을 나누었다. 그녀가 서생에게 말하기를 "여자는 망령되이 사람을 따라가지 않습니다. 당신이 과거에 뽑힌 후 부모님께서 명령이 계시면 일이 잘 될 것입니다" 하자 서생은 곧 서울로 돌아가 과거공부를

했다. 그런데 그 여자의 부모님은 사위를 보려고 했다. 그 여자는 평소에 못 가에 가서 물고기에게 모이를 주곤 했는데, 물고기들은 그녀의 기침 소리를 들으면 반드시 와서 모이를 먹곤 했다. 그녀는 모이를 주면서 말하기를, "내가 너희들을 오랫동안 길러 주었으니 내 마음을 알 것이다" 하고 집에 쓴 편지를 던지니 큰 물고기 한 마리가 뛰어올라 그 편지를 물고 유연悠然 히 가버렸다.

어느날 서생이 서울에서 부모의 반찬을 마련하려고 장에서 물고기를 사가지고 돌아와 그 물고기의 배를 가르니 집에 쓴 편지가 나왔나. 서생은 놀라고 이상하게 여겨 곧 그 집에 쓴 편지와 자기 아버지의 편지를 가지고 곧장 그녀의 집으로 갔더니 이미 사위가 그녀의 집 문에까지 와 있었다. 서생이 편지를 그녀의 집안사람에게 보여주고 마침내 이 가락을 노래했다고 한다. 그녀의 부모가 이 일을 이상하게 여기고 이르기를, "이것은 정성에 감동되어 이루어진 일이지 사람의 힘으로 해낼 수 있는 것이 아니다"라 하고 그 사위를 돌려보내고 서생을 사위로 받아 들였다는 내용이다.

2) 백제의 속악가사

악지에 소개된 백제의 속악은 〈무등산〉, 〈방등산〉, 〈지리산〉, 〈정읍〉, 〈선운산〉 으로 총 5편이 수록되어 있다.

〈無等山〉無等山光州之鎭州在全羅爲巨邑. 城此山民賴以安樂而歌之.

무등산無等山은 광주光州의 진산鎭山으로 광주는 전라도에 있는 큰 읍이었다. 이 무등산에 성을 쌓았는데 백성들은 그 덕으로 편안하게 살 수 있어 즐거워서 이 노래를 불렀다고 한다.

〈方等山〉方等山在羅州屬縣長城之境. 新羅末盜賊大起據此山良家子女多被擄掠. 長日縣之女亦在其中作此歌以諷其夫不卽來救也.

〈방등산方等山〉의 내용은 나주羅州의 속현인 장성長城의 역내域內에 있는 방등산에 신라 말년에 도적이 크게 일어나 이 산에 근거를 두니 양가良家의 자녀들이 많이 잡혀갔다고 한다. 그때 장일현長日縣의 여인女人도 잡혀간 무리에 속해 있었는데, 이 여인이 노래를 지어 자기 남편이 곧 와서 구출해 주지 않는 것을 풍자하며 노래를 불렀다고 한다.

〈智異山〉求禮縣人之女有姿色. 居智異山家貧盡婦道. 百濟王聞其美欲內之. 女作是歌誓死不從.

지리산智異山은 현재 전라남도 구례군과 경남 산청군 사이에 있다. 〈지리산〉의 내용은 옛날 지리산 구례현求禮縣 어느 가난한 집안의 딸이 있었는데 자색도 뛰어나고 여자가 마땅히 지켜야 할 도리도 다하며 살았다. 어느 날 백제왕이 그녀가 아름답다는 소문을 듣고 첩으로 들이려고 하자 그

그림 3-4　무등산(위), 방등산(가운데), 지리산(아래)

녀는 이 노래를 지어 죽기를 맹세하고 따르지 않았다는 내용을 담고 있다.

〈井邑〉井邑全州屬縣. 縣人爲行商久不至其妻登山石以望之恐其夫夜行犯
害托泥水之汚以歌之. 世傳有登岾望夫石云.

정읍井邑은 전주全州의 속현이다. 〈정읍〉의 내용은 정읍에 사는 사람이 행상을 나가서 오래 되어도 돌아오지 않자 그 처가 산 위의 돌에 올라가 바라보면서, 남편이 밤길을 가다 해를 입을까 두려워함을 진흙물의 더러움에 부쳐서 이 노래를 불렀다고 한다. 후대에 전하기를 그 여자는 고개에 올라가 남편을 바라보다가 망부석望夫石이 되었다고 한다.

〈禪雲山〉長沙人征役過期不至其妻思之登禪雲山望而歌之.

선운산禪雲山은 본래 도솔산이었으나 백제 때 창건한 선운사가 유명해지면서 선운산이라고 칭하고 있다. 이 〈선운산〉의 내용은 장사꾼이 부역에 나갔는데 기한이 지나도 돌아오지 않자 그 사람의 처가 그를 생각하여 선운산에 올라가 남편을 그리워하며 노래를 불렀다고 한다.

3) 신라의 속악가사

〈고려사〉 악지 속악조에 전하는 신라 속악은 〈동경〉, 〈여니산〉, 〈장한성〉, 〈이견대〉, 〈목주〉으로 총 5편이 전하고 있다.

〈東京(雞林府)〉新羅昇平日久政化醇美靈瑞屢見鳳鳥來鳴國人作此歌以
美之. 其所謂月精橋白雲渡皆王宮近地世傳有鳳生巖.

동경東京은 계림부雞林府를 뜻하고 신라의 수도로서 현재 경주지역을
말한다. 〈동경〉의 내용은 다음과 같다. 신라는 승평昇平의 세월이 오래
계속되고, 정치와 교화敎化가 순미醇美하여 신령한 상서祥瑞가 자주 나타
나고 봉새가 날아와 울었다. 나라 사람들이 노래를 지어서 그것을 찬미
했는데, 이 노래에 나오는 월정교月精橋와 백운도白雲渡는 모두 왕궁 근처
에 있었던 곳들이다. 세상에 전하기는 봉생암鳳生巖이 있었다는 것이다.
봉생암은 오늘날 경주 남산에 있는 바위로 나라의 정사와 교화가 순후하
고 아름다워 봉이 이 바위에서 울었다는 설화가 전해 내려온다.

〈東京〉東京頌禱之歌也.　　或臣子之於君父卑少之於尊長婦之於夫皆通.
其所謂安康卽雞林府屬縣而亦名東京統於大也.

〈동경東京〉은 송축하는 노래인데, 그 내용을 보면 신하와 임금이 아들
과 아비에게나, 비천한 자와 젊은이가 존귀한 이와 연장자에게나, 아내
가 남편에게나 다 통하는 노래로 예의와 법도에 대해서 말하고 있다. 이
노래에 나오는 안강安康은 곧 계림부雞林府의 속현屬縣으로, 역시 동경이
라고도 부르는데, 큰 데에 통합되어 불린 것이다.

〈余那山〉余那山在雞林境. 世傳書生居是山讀書擢第聯昏世族後掌試設宴
其昏家喜而歌之. 自後掌試者設宴先歌此焉.

〈여니산〉은 세상에 전해지기를, 신라때 계림鷄林 역내域內에 여니산余
那山에서 공부하여 과거에 급제한 어떤 서생이 이름 있는 세족世族 집안의
딸과 혼인하였는데, 그 후 서생이 과거를 관장하는 벼슬에 올라 잔치를
할 때 그의 처가妻家에서 기뻐하며 이 노래를 불렀다 하는 내용이다.

〈長漢城〉長漢城在新羅界漢山北漢江上. 新羅置重鎭後爲高勾麗所據羅人
擧兵復之作此以紀其功焉.

장한성가長漢城歌라고도 한다. 장한성은 신라의 국경인 한산漢山 북쪽
한강가에 있는 성으로, 옛날 신라에서는 거기에 큰 진을 두고 있었다. 후
에 고구려에게 점거되었는데, 이때 신라 사람들이 군사를 일으켜 그 성
을 회복하고 이 노래를 지어서 그 공을 기념했다는 내용이다.

〈利見臺〉世傳羅王父子久相失及得之築臺相見極父子之懽作此以歌之
號其臺曰利見. 盖取易利見大人之意也. 王父子無相失之理或出會
隣國或爲質子未可知也.

이견대利見臺는 현재 경주시 감포읍 대본리에 있는 사적 제159호로 지
정된 문화재이다. 〈이견대利見臺〉의 내용은 다음과 같다. 세상에 전해지

그림 3-5 　사적 제159호 "이견대"

기를, 신라 때 어느 부자父子가 오랫동안 서로 잃고 만나지 못하고 있다가 찾아내게 되자 대臺를 구축하여 부자상봉의 기쁨을 다하고 이 노래를 지어서 부르니 그 대를 이견利見이라고 이름지었다고 한다. 이것은 대체로 역易의 「이견대인利見大人」의 뜻을 취한 것이다. 왕의 부자가 서로 잃고 만나지 못할 까닭이 없다. 이웃 나라에 나가서 회동會同 했었는지도 모르겠고, 혹은 인질이 되었는지도 모르겠다라는 내용이다.

〈木州(今淸州屬縣)〉木州孝女所作女事父及後母以孝聞. 父惑後母之譖逐之女不忍去留養父母益勤不怠父母怒甚又逐之女不得已辭去. 至一山中見石窟有老婆遂言其情因請寄寓老婆哀其窮而許之. 女以事父母者事之. 老婆愛之嫁以其子. 夫婦恊心勤儉致富. 聞其父母貧甚邀致其家奉養備至父母猶不悅. 孝女作是歌以自怨.

현재 청주지역을 말하는 목주는 과거에 청주의 속현이었다. 이 〈목주 木州〉의 내용은 효심에 대한 노래이다. 옛날 청주 속현의 어느 집안에 딸이 있었는데, 그녀는 효심으로 아비와 후모 後母를 섬겨서 그 이름이 널리 알려졌다. 어느 날 아비는 후모의 거짓말에 미혹 迷惑 되어 그녀를 쫓아냈다. 그러나 딸은 차마 부모 곁을 떠나지 않고 부모의 집 근처에 머물며 부모를 봉양하는 것을 게을리하지 않았다. 그러나 딸의 효심에도 불구하고 부모는 심히 노해서 또 그녀를 쫓아냈다. 그러자 딸은 할 수 없이 하직하고 떠나가 어떤 산중으로 들어갔는데, 석굴 石窟 에 노파가 있는 것을 보게 되어 그녀는 마침내 자기의 사정을 그 노파에게 말하고 함께 살게 해달라고 요청했다. 노파는 그녀의 궁박한 사정을 슬퍼하여 그렇게 하라고 허락했다. 딸은 부모를 섬기는 정성으로 노파를 섬겼다. 노파도 그녀를 사랑하여 자기 아들과 혼인을 맺어 주었다. 부부 夫婦는 협심하여 근면하고 검약하게 살아 부자가 되었는데, 그녀는 자기의 부모가 심히 가난하다는 말을 듣고 자기네 집으로 맞이하여 극진하게 봉양했다. 그래도 부모가 기뻐하지 않자 효녀는 이 노래를 지어 스스로 원망했다고 한다.

삼국시대 속악가사에 대한 기존의 연구는 주로 신라의 향가와 조선조 시가문학을 잇는 교량역할로서 고려 건국 초기 궁중속악에 영향을 주었다는 통사론적 연구가 주류를 이루어왔다. 삼국시대 속악가사가 수록된 고려사 악지는 주로 역사서로 번역되어 원문의 내용 번역의 오류와 미진하다는 한계점을 갖고 있는데, 그것의 한계점은 첫째, 원문내용의 빈약과 작자 및 연도 미상이고, 둘째, 현재 전하고 있는 작품이 희소하고 그에 관련된 역사적 자료가 부족하다는 데 있다.

인문학적 관점에서 삼국 시대 속악가사 대부분이 주로 지역적 색깔이 두드러지는 지역명 또는 산, 충덕 그리고 남녀상열지사에 대한 내용들을 다루고 있다. 또한 작자 및 연대 미상임에도 불구하고 그 내용들이 주로 피지배계층의 삶 속에서 정서적 공감대를 형성하기 때문에 피지배계층에 의해서 창작되었다는 것이고, 정확한 창작연대는 알 수 없으나 고구려의 속악가사와 같은 경우 전쟁으로 인한 민초들의 고난을 담은 내용이 수록된 것으로 보아 고구려의 사회정치적 배경을 알 수 있다. 디구나 삼국시대 지배층에서만 사용하는 한자의 기록매체로 전승된 것이 아니라 한자를 모르던 민중 사이에서 구비전승되어 구비문학으로 고려 초까지 고려 속악에 영향을 주었고, 결국 고려사 악지에 수록될 수 있었다. 고려사 악지에 수록된 14편의 삼국시대 속악가사를 통해서 삼국시대 시가문학에 대한 모든 것을 이해한다고 볼 수 없지만 적어도 당시 민중의 구비문학으로 발전한 속악가사의 정서적 교감대 및 사회문화적 배경을 이해하는 데 중요한 텍스트를 제공해 주고, 고려 속요가 형성되는 데 지대한 영향을 주었다는 것을 알 수 있다.

국악사의 관점에서 삼국시대 속악가사가 고려의 궁중악으로 전이될 수 있었던 것은 학자들마다 실증적인 역사 자료를 제시하고 있지 못하지만 고려사 악지에 수록된 기록으로 그 당위성을 유추해볼 수 있다. 고려사 악지 71권 악2에 "고려 때에는 신라, 백제, 고구려의 악을 모두 사용하였으며 악보도 편찬하였다."라는 기록을 통해서 적어도 고려시대에는 궁중에서 전시대의 음악을 향유하였다라는 것을 미루어 짐작할 수 있다.

이것은 고려 건국 시 후삼국의 지방호족 세력 간의 문화적 규합으로 정치세력을 통합하려는 고려왕실의 정당성을 확립하고자 하는 의미가 담겨져 있기 때문이다. 현재 구체적으로 악보는 전해지지 않으나 이것이 고려시대의 궁중악으로서 향악의 발전에 어느 정도 영향력을 미쳤으며, 조선시대 전대의 궁중악을 이어받아 조선시대 향악의 발전과 동시에 피지배계층의 가사문학과 민요가 문헌기록으로 전승될 수 있도록 하는 역사적 기록문화로서 가치를 갖고 있다는 것이다.

지금까지 미시적 관점에서 논의한 인문학과 국악사에 있어서 삼국시대 속악가사는 거시적 관점에서 문화원형의 가치 체계에 포함된다. 문화적 개념 정의에 있어서 문화원형의 '원형'의 의미는 '진짜 Originality : 元型'라는 의미와 '공통의 틀 Archetype : 原型'의 두 가지 의미를 내포하고 있다. '반만년의 풍부한 역사, 전통문화와 삶을 집대성'과 '창작의 보고寶庫'로서 문화원형은 바로 보편성과 공통의 틀로서의 원형 Archetype을 뜻하는 것이며, '우리문화의 정체성'으로서의 원형은 바로 고유성과 정체성으로서 실체 Originality의 의미를 포함하고 있다. 아울러 보편성과 공통의 틀로서의 원형은 보편적이고 공동체적인 삶의 방식에 의해서 만들어진 인간문명의 모든 물질적·정신적 산물이라는 문화의 개념까지 포함하고 있다. 결국 원형의 의미 안에는 공동체의 물질적·정신적 산물의 문화가 기본 토대를 이루며 그 안에서 보편성·고유성·정체성의 요소들이 상호 유기적이며 상대적으로 결합되어 원형의 의미를 만들어 낸다는 것이다.

인문학의 관점에서 문화원형은 문화콘텐츠가 개발되는 초기 단계에서 인문학적 상상력을 필요로 한다. 문화원형이 갖고 있는 고유의 원형

그림 3-6   창작뮤지컬 "홍길동"

그림 3-7   영화 "홍길동의 후예"

성을 비롯하여 역사성에 대한 자료의 수집 · 분석 · 정리를 통해서 1차적인 기초 학문적 연구지식철학 · 예술 · 역사 · 문화 등과 지식화된 문화원형을 기획력과 창작력에 의해서 다양한 콘텐츠 매체가 기본적으로 요구하는 창작적 텍스트로 만드는 것이 바로 문화원형의 인문학적 상상력이라고 할 수 있다. 따라서 문화원형의 인문학적 가치는 인문학적 연구방법에 의해서 문화콘텐츠로 개발될 수 있는 소재의 특징을 갖추고 있다. 즉 문화원형의 범주에 들어가는 신화, 전설, 민담, 노래, 언어, 예술, 문학 작품 등에 드러나거나 놀이, 의례, 말, 풍속 등은 인문학적으로 철학적 · 예술적 · 문학적 · 미학적 · 사회정치학적 연구의 소재를 제공한다. 바로 문화원형을 발굴하여 그 원형에서 다양한 요소들을 발굴·수집·분석하는 과정을 통해서 문화원형에 대한 다양한 지식을 얻고 그것에 기획력과 창의력이 더해지는 과정에서 문화원형의 인문학적 가치를 발견하는 동시에 인문학을 기초로 한 문화원형콘텐츠로서의 가치를 재창출하는 것이다.

이러한 관점에서 볼 때, 삼국시대 속악가사는 고대 우리 민족의 삶과 정서의식이 반영된 시가문학인 동시에 그것을 통해서 보편적이고 공동체적인 삶의 방식으로서 우리 민족의 정체성과 고유성을 파악할 수 있기 때문에 문화원형이자 문화유산이다. 또한 이러한 삼국시대 속악가사의 문화원형적 가치는 문화콘텐츠화에 대한 당위성을 제공해 준다.

3

삼국시대 속악가사의 문화콘텐츠적 요소 분석

콘텐츠의 개발은 단순한 내용과 지식들을 정보로서 전달하는 매체 중심적 사고에서 벗어나 콘텐츠의 내용과 지식에 창조적 영감을 불어넣어 새로운 것을 창출하는 과정으로서 이해해야 한다. 창조적 콘텐츠의 가치는 주어지는 정보와 지식들의 집합이 아니라 모든 지식, 관심, 사고의 바탕에서 내부화 Innerization 를 통하여 비로소 발생하는 것임을 이해하여야 한다.[43] 따라서 콘텐츠가 포함하고 있는 내용과 지식을 바탕으로 깊은 사유와 감성의 창조적 상호작용을 통해 새로운 것을 창출해 내는 것이 필요하다.

오늘날의 산업사회는 단지 상품의 기능과 편리만을 판매하는 시대에서 벗어나 상품에 문화적 아이덴티티를 통해서 상품의 브랜드 가치를 높이고 고객의 마음을 사로잡는 데 노력하고 있다. 산업사회에서 문화와 지식이 중심가치로 활용되는 문화콘텐츠의 개념에서 태동한 것이 바로 문화산업이다. 따라서 문화콘텐츠라는 것은 문화산업 속에서 이해되어지며, 문화콘텐츠산업이라는 새로운 산업적 개념의 범주에서 생성된 산

---

43) 김영기, 「The Contents」, 이-디자인, 2002, p.58.

업의 범주라고 할 수 있다.

문화콘텐츠는 사람들이 공유하는 생활양식, 행동양식, 사고방식 등과 연관된 관습, 도덕, 예술, 지식, 종교, 법률 등의 모든 것을 포괄하는 것으로 원형성, 창조성, 차별성, 상호작용성에 의해 새로운 문화콘텐츠로서의 의미를 생성한다. 즉 문화콘텐츠의 개념에서 원형성은 원래의 콘텐츠가 갖고 있는 고유의 본질이다. 아무리 다른 콘텐츠와 상호작용에 의해서 창조되고 차별화되어도 그 원형을 이루고 있는 본질은 변화하지 않는다는 것이다. 창조성과 상호작용성은 본래의 콘텐츠가 새로운 과학기술 및 새로운 매체와의 상호작용을 통해 창조적 변형이 가능하냐는 것이고, 차별성은 본래의 콘텐츠와 비슷한 류와 비교하여 새롭게 변화된 콘텐츠가 독창성을 갖고 있느냐는 것이다. 이것은 문화콘텐츠의 요건이자 특징으로 이해할 수 있다. 또한 문화체육관광부는 "문화산업진흥기본법"을 기준으로 하여 문화콘텐츠 산업의 범위를 규정하는 데 문화적 요소로서 예술성 · 창의성 · 오락성 · 여가성 · 대중성이 체화된 다양한 콘텐츠[44]라고 명시하고 있다. 결국 이러한 문화적 요소들은 공공성과 상업성의 두 가지 문화콘텐츠의 가치를 실현한다는 것을 의미한다. 지금 살펴본 문화콘텐츠의 개념과 특성, 그리고 문화콘텐츠가 갖는 문화적 요소를 문학적 텍스트 분석에 적용하기 위해서는 먼저 예술작품 또는 문학의 형식에 대한 기본원리가 필요하다.

예술작품의 형식은 현실내용의 현실화와 전달매체언어, 소리, 색채의 구조

---

44) 문화관광부, 문화산업진흥법 제2조 제1항, 2002년 개정.

화로 이루어진다.[45] 이것은 예술작품의 형식을 내적과 외적구조로 구분하여 내적 형식은 현실세계를 반영한 시대적 사람들의 생활·사고·정서의 방식에서부터 문화·정치·사회등을 포함하는 모든 것을 의미한다. 외적 형식은 내적 형식을 담는 매체의 구조화를 의미한다. 외적 형식의 응집성이 큰 정도에 따라서 문학 장르가 구분된다. 따라서 이야기를 통한 현실인식을 매개로 자기인식에 도달하는 양식은 서사장르라고 하고 있다.

문학의 텍스트 구조를 문화콘텐츠의 요건에 적용한다면 내적 형식은 본래의 예술작품이 갖고 있는 내용인 원형성 안에서 창조적으로 내용을 현실화시키는 것이다. 외적 형식은 현실화된 내용을 담는 매체로서 창조성과 차별성에 의해서 그것을 담은 형식을 소설, 공연, 영화, 애니메이션 등으로 표현할 것인가에 대한 매체 간의 상호작용성과 관련된 것이다. 즉 문학의 텍스트 구조를 문화콘텐츠화 과정으로서 내적형식은 원형성을 현실화시키기 위한 창조성으로서 서사구조와 등장인물의 설정이 중심축이 된다는 것이다. 창조적 작업에 의해서 내용을 현실화시킨 것은 상호작용에 의해서 그것을 담는 매체를 선택하고, 선택된 매체의 속성에 맞게 변형하는 과정은 창조성과 차별성의 작업이 수반되는데 이것은 스토리텔링 Storytelling 방식과 관련이 있다. 특히 오늘날 문화콘텐츠에 속하는 영화, 방송, 극예술 분야 간의 장르 간 교섭을 가능하게 하는 방식으로 스토리텔링이 많이 활용되고 있다. 종래 문학 중심으로 논의되던 서사학

---

45) 나병철, 『소설의 이해』, 문예출판사, 1998, p.18

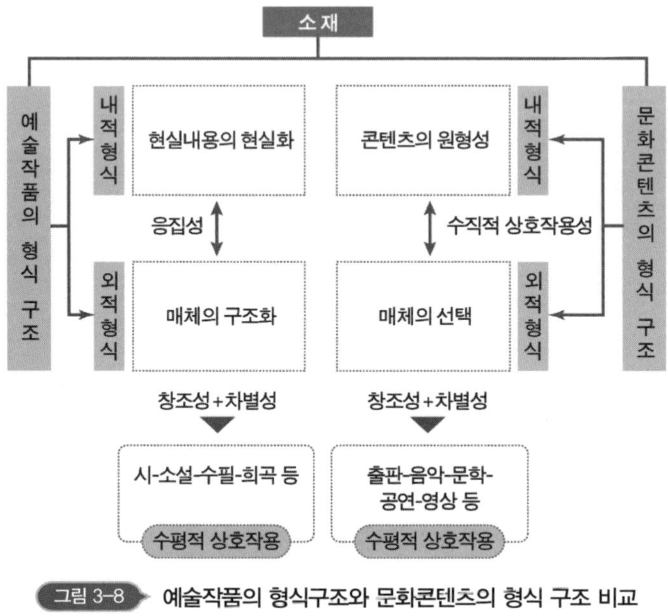

그림 3-8 ▶ 예술작품의 형식구조와 문화콘텐츠의 형식 구조 비교

Narratology을 지양하고 새로운 이야기학으로서 '스토리텔링'의 개념이 제시되는데, 스토리텔링은 서사형식의 원질이다. 각각의 문화콘텐츠에 속하는 장르들은 스토리텔링이란 공통점을 지니면서도 매체의 특성 때문에 형식상의 차이를 띠고 있다.

이러한 관점에서 삼국시대의 속악가사는 구체적으로 노래나 음악형식은 남아 있지 않지만 내용이 갖고 있는 이야기 구조는 바로 문학적 텍스트의 내적 구조로서 서사의 전개방식과 등장인물의 설정이라고 할 수 있다. 속악가사가 갖고 있는 내적 구조에 문화콘텐츠의 개념을 도입하면 매체 간의 상호작용성OSMU에 의한 창조와 차별화 과정으로서 스토리텔링 방식을 비롯한 매체 형식에 맞는 문법을 적용하는 것이다. 따라서 제

시된 문학적 텍스트 구조를 통해서 삼국시대 속악가사의 문화콘텐츠적
요소를 분석하면 다음과 같다.

1) 서사적 요소 분석

본 연구는 서사구조로 삼국시대 속악가사의 서사요소를 이끌어내기 위
해서 구조주의 서사학중 채트먼 Chatman 의 서사이론을 방법론으로 제시
하는데, 채트먼은 서사구조를 사건인 '이야기인물이 행위를 통해서 사건을 벌이는
세계'와 그것을 전달하는 '담론서술자가 서술행위를 하는 세계'으로 이루어진다[46]
고 하였다.

채트먼은 스토리의 구성 성분을 '사건들 events'과 '존재자들 existents'로
크게 구분하여 사건들과 존재자들이라는 구분은 과정과 정태, 또는 동사
와 형용사의 구분에 상응하는 것이라고 하였다. 따라서 '사건들'이 전반
적으로 플롯의 차원에서 논의되는 것과 관련을 맺고 있다고 볼 수 있다.
그의 이론에 따르면 플롯이란 '담화된 스토리 story-as-discoursed'인 것이
다.[47] 서사의 미적 대상이 "담화에 의해 분절된 이야기"라고 한다면, 플
롯이란 스토리의 사건들이 담화에 의해 미적으로 전환된 상태를 뜻한다.
채트먼은 또한 플롯에 관한 일반적인 견해와는 달리 인과성을 플롯의 지
배적인 요소로 파악하지 않는다. 그는 우연성 contingency 이나 불확실성

---

46) 채트먼 지음, 한용환 옮김, 『이야기와 담론』, 고려원, 1991, p.23.

47) 한용환, 『서사이론과 그 쟁점들』, 문예출판사, 2006, pp.31~32.

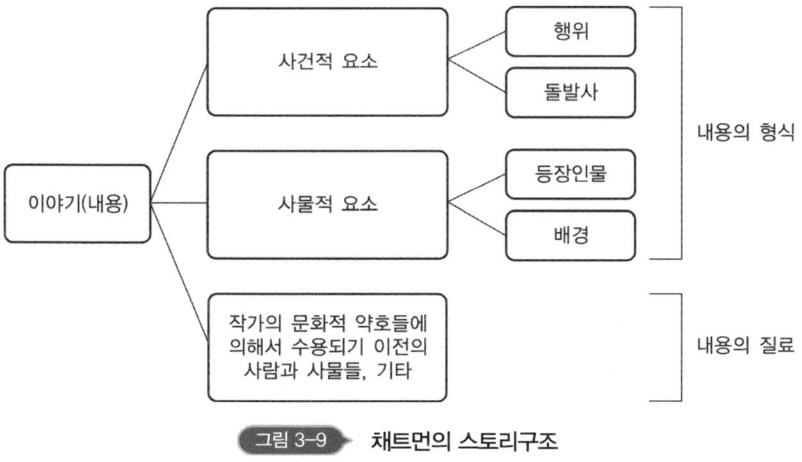

그림 3-9 ▶ 채트먼의 스토리구조

uncertainty 등을 폭넓게 수용하는 유연한 플롯개념을 제시함으로써 현대적 서사물의 조직 원리를 구조적으로 설명하려고 하였다.[48]

그가 제시한 서사구조의 논리에 따라서 이야기의 형식은 사건적 요소와 사물적 요소로 구분할 수 있는데, 사건적 요소는 행위와 돌발사이고 사물적 요소는 인물과 배경이다. 반면 담론의 형식은 서사적 전달구조로서 이야기를 하는 화자와 시점, 서술자와 관련된 요소이다. 서사적 구조를 갖춘다는 것은 사건과 행위, 인물과 배경의 이야기 형식을 갖추었는지, 담론으로서 이야기를 서술하는 화자와 시점, 서술자와 관련된 요소를 갖추었는지를 분석하는 것이다.

따라서 채트먼의 서사구조이론을 활용하여 삼국시대 속악가사의 서사구조를 분석하면 다음과 같다.

---

48) 박진, 『서사학과 텍스트 이론: 토도로프에서 데리다까지』, 랜덤하우스 중앙, 2005, p.46.

〈내원성〉의 원문을 해석한 내용을 보면 시대적 배경 "고구려"과 장소적 배경 "압록강의 검동도黔同島에 설치되었던 성인 내원성"이라는 것이 제시되어 있다. 그러나 사건인 "북방 오랑캐가 귀순하여 오면 이곳에 두었고 이 노래로써 기념하였다"는 논리적 비약이 구체적으로 서술되어 있지 않고, 사건에 대한 구체적인 행위의 주체자가 명시되어 있지 않아 이 속악가사는 논리적인 서사 구조를 갖추었다고 할 수 없다.

〈연양〉은 장소적 배경으로서 "평안도 영변연양"과 인물설정으로서 "연양에 사는 어떤 사람"이 제시되어 있다. 그러나 구체적으로 사건에 대한 명시가 빈약하며 단지 "연양에 사는 어떤 사람이 자신을 나무의 쓰임새에 빗대어 그 지역의 관리로 채용되어 죽기 무릅쓰고 열심히 일했다"는 것으로 표현되어 있다. 따라서 단순한 사건에 대한 행위와 주체만 소개되어 서사적 구조가 빈약하다.

〈명주〉는 인물과 배경이 구체적으로 소개되어 있는데, 인물설정으로서 "서생·양가의 딸-사위-양가의 집안사람-양가의 부모"가 제시되어 있고, 장소적 배경으로 지금의 강원도 강릉지역인 "명주-서울"이 명시되어 있다. 사건에 대한 행위로서 플롯 설정은 발단서생이 명주에서 양가의 딸의 자색에 반한다 — 전개 서생과 양가의 딸과의 서신을 통해서 정분을 나눔 — 위기 서생은 과거합격을 위해서 서울 떠나고, 양가의 부모는 강제로 사위를 맞이하려고 함. 양가의 딸은 서생을 그리워하여 못 가에 깁에 쓴 편지를 물고기에 건네줌 — 절정 서생이 시장에서 부모의 반찬으로 물고기를 구입하였는데 물고기 배를 가르니 깁에 쓴 내용을 알아봄. 서생이 양가의 집으로 가보니 집 앞에 사위될 사람이 와 있고, 서생이 양가의 딸이 쓴 편지를 부모에게 보여주자 서생과 양가의 딸의 정분에 감동함 — 결말 사위로 맞이할 사람을 돌려보내고, 서생을 사위로 맞이했다 로 기승전결의 전개방식이 구체적이다. 따라서 서사구조를 갖춘 속악가사라고 볼 수 있다.

〈무등산〉은 인물설정으로서 구체적으로 사건인 "광주 진산에 성을 쌓았는 것"에 대한 행위의 주체자가 명시되어 있지 않고, "단지 백성들이 그 덕으로 편하게 살 수 있어 노래를 불렀다"라는 사건행위의 주체자보다는 타자적 관점의 등장인물 설정으로 서사적 구조가 빈약하다.

〈방등산〉은 이야기의 서사구조로서 시대적 배경인 "신라말년"과 공간적 배경인 "나주의 속현인 장성의 역내"가 구체적으로 명시되어 있다. 등장인물 설정도 "장일현의 처·도적들·양가의 자녀들"이 명시되어 있다. 사건설정은 "도적들이 방등산에 근거를 두어 양가의 자녀들을 많이 잡아갔다. 그 안에 장일현의 처가 있었는데 남편이 와서 구출하지 않는 것을 한탄하며 노래를 지어불렀다"라고 사건의 행위자·사건내용을 명시하고 있지만 단순하게 명시되어 있어 구체적인 기승전결의 플롯설정이 되어 있지 않아 서사적 구조가 빈약하다.

〈지리산〉은 장소적 배경으로 "구례현"이 설정되었고, 인물설정은 "구례현에 사람의 딸·백제왕"이다. 사건설정은 "구례현에 사는 사람의 딸이 자색이 뛰어나 백제왕이 탐하였으나 죽기를 맹세하고 따르지 않았다"는 단순한 서술식 사건 소개로 사건의 전개가 빈약하다.

〈정읍〉은 장소적 배경으로 "전주의 속현인 정읍"이 명시되어 있고, 등장인물 설정은 "남편과 처"로 사건의 중심을 이끌어가는 행위자는 처로 설정하였다. 그러나 사건의 설정은 "단지 행상을 나간 남편이 무사히 돌아와 주길 바라는 심정"을 표현하였지만 완결된 결말구조로 "기다리다가 망부석"이 되었다고 하였다. 따라서 사건의 전개는 단순하나 완결된 결말구조를 갖추고 있어서 서사적 구조를 어느 정도 갖추고 있다.

〈선운산〉은 인물설정에서 "장사하는 사람 남편·그의 처 부인"가 등장하고, 장소적 배경은 "선운산", 그리고 사건은 "장사를 나간 남편이 돌아오지 않아 처가 선운산에 올라 남편을 생각하며 노래를 불렀다"라고 간단하게 소개하고 있다. 따라서 서사구조가 빈약하다.

〈동경 1편〉은 신화적 내용을 담은 설화적 요소가 강하다. 시대적·공간 배경이 신라시대 계림부로 설정되었으나 사건의 요소로 태평성대와 왕도정치의 상징적 존재로 봉새가 등장하였다는 신화적 내용을 담고 있다. 〈동경 2편〉은 왕도와 민간의 예의 법도를 노래한 것으로 구제적인 서사구조를 갖추고 있지 못하다.

〈여니산〉은 구체적으로 공간적 배경과 인물설정이 되어 있으나 구체적인 사건 전개방식이나 갈등관계 설정이 빈약하다. 〈장한성〉은 고구려의 〈내원성〉과 백제의 〈무등산〉과 같은 공간적 배경은 설정되어 있으나 인물설정이 불특정 다수인 어느 고을의 백성으로 설정하여 사건을 이끌어가는 중심인물 설정이 빈약하고, 사건의 전개와 갈등관계 설정도 구체적으로 명시되어 있지 않다.

〈이견대〉의 내용은 신라의 〈동경 1편〉처럼 지역민속지명에 대한 설화적 내용으로 인물설정은 제시되어 있으나 사건 전개와 갈등관계 설정이 빈약하다. 단지 부모와 자식간의 행실 법도를 강조하는 교훈적 내용을 다루고 있다.

〈목주〉는 장소적 배경으로 지금의 청주인 목주로 설정하고, 인물은 "효성스러운 딸·아버지·후모·노파·노파의 아들"로 구체적으로 설정하였다. 사건의 행위 주체도 "목주의 어느 집안의 딸"이 사건을 이끌어가는 중심인물로 설정하였다. 따라서 기본적인 서사구조로서 플롯설정이 자세히 명시되어 있다. 이 작품의 플롯 설정은 발단 목주 어느 집안에 후모를 받아들인 아버지, 그리고 부모에게 효성을 다하는 딸, 그러나 후모의 거짓말에 미혹되어 딸은 집에서 쫓겨나지만 다시 동네 근처에서 다시 부모에게 효를 다한다. 그러나 다시 쫓겨난다─전개 집에 쫓겨난 딸은 하직하고 어느 산중의 석굴에서 노파를 만나 정성스럽게 모신다 ─ 위기 노파의 아들과 결혼하여 부자가 되어 가난하게 사는 부모를 다시 자기 집으로 모셔온다─ 절정 부모는 딸의 효성을 알아주지 못한다─ 결말 자신의 효성을 알아주지 못하는 부모를 원망하며 노래를 불렀다 로 되어 있다. 사건의 갈등관계는 부모와 자식으로 설정되어 있으나 일반적인 서사구조처럼 갈등의 해결이 절정─결말부에서 해결되지 않는 미완의 결말 구조로 끝난다는 것이 서사구조로서의 단점이다.

삼국시대 속악가사들의 내용이 서사적 구조를 갖추고 있는가를 분석한 결과 서사적 구조의 기본적인 요소인 시공간적 배경─인물설정─사건의 중심인물 행위─갈등관계 설정─사건전개의 논리적 구성─완결된 결말구조의 극형식을 갖추는 속악가사들은 주로 원문내용의 분량이 많은 속악가사에서 확인할 수 있었다. 대표적인 작품으로는 고구려의 〈명주〉와 신라의 〈목주〉는 대표적으로 서사성을 갖춘 작품으로 평가할 수 있다. 따라서 삼국시대 속악가사들은 문화콘텐츠의 요건에 대입하여 분석해보면 원형성 측면에서는 각각의 속악가사들은 시대적 생활양식·행동양식·사고방식·관습·도덕 등의 현실내용을 담고 있으나, 이러한 내용을 담는 1차적인 매체로 언어와 2차적 매체로서 문학, 즉 서사장르로서 기본적인 요건들을 모두 갖추고 있지 못하다. 즉 문화콘텐츠의 측면으로 본다면 문학적 텍스트로서 창조성·차별성이 뛰어난 작품으로는 기승전결의 서사구조로 뛰어난 고구려 속악가사인 〈명주〉가 가장 대표적이라고 할 수 있다.

2) 문화콘텐츠의 매체 간 상호작용적 요소 분석

하나의 소재가 각각 문화콘텐츠 매체와 상호작용하여 각각 콘텐츠의 성격에 맞게 새로운 콘텐츠로 개발할 수 있다는 것은 문화콘텐츠의 특징이자 요건이다. 소위 "One Source Mulit Use OSMU"는 바로 문화콘텐츠의 상품에 대한 마케팅 전략이다. 이것은 하나의 콘텐츠만으로는 충분한 수익 발생이 어렵기 때문에 이것을 다양한 문화콘텐츠들과 상호 호환하여 수익을 창출할 수 있는 상품가치를 높이는 마케팅 전략의 차원에서 나온 개념이라고 할 수 있다. 이러한 관점에서 삼국시대 속악가사는 그것이 갖고 있는 원형성을 오늘날 다양한 문화콘텐츠라고 할 수 있는 문학·영상·공연·음악·애니메이션 등의 콘텐츠 매체로 개발할 수 있는 요소를 갖추고 있느냐에 대한 문제가 바로 상호작용적 요소를 분석할 수 있는 방법론을 제시해 준다.

　일반적으로 설화들이 문화콘텐츠화 과정으로 매체 간 상호작용에 의해서 주로 소설문학, 연극·창극공연, 영화·드라마·애니메이션영상으로 전이되는 단계를 거칠 때 문화콘텐츠의 성공사례로 본다. 예를 들어, 〈서동요〉의 설화는 음악·출판·공연·영상으로 매체 간 상호작용에 의한 전이과정을 거치면서 성공한 영상콘텐츠인 TV드라마로 개발될 수 있었고, 〈바리공주〉 설화는 출판－공연－애니메이션의 콘텐츠로 개발될 수

그림 3-10 판소리 모노드라마 "바리공주"

그림 3-11 동화책 "바리공주"

있었다.

이러한 OSMU 전략에 따른 삼국시대 속악가사들이 어떠한 문화콘텐츠와 상호작용하여 새로운 콘텐츠로 개발될 수 있는지를 앞서 분석한 서사구조의 데이터를 토대로 분석해 보았다.

음악콘텐츠로서 개발 가능한 요소는 노래의 가사/악곡이 갖추어져 있다면 편곡 또는 재창작이라는 작업을 통해서 새로운 음악콘텐츠로 개발이 가능하다. 그러나 가사나 악곡이 없고 단지 노래에 대한 유래만이 전하는 것은 창작과정으로서 새로운 가사를 창작해야 하고 작곡을 해야 한다.

삼국시대 속악가사 중 〈정읍〉은 조선시대에 한글로 표기되어 조선시대 궁중정재의 〈무고〉 등에서 창으로 불러졌고, 수제천 궁중악과 정읍농요로 전승되었다. 한글로 표기된 가사49)를 소개하면 다음과 같다.

---

49) 문순태,『정읍사(그 천년의 기다림)』, 이룸, 2001, p.23.

(前腔) 달하 노피곰 도다샤

어긔야 머리곰 비취오시라

어긔야 어강됴리

(小葉) 아으 다롱디리

(後腔全) 져재 녀러신고요

어긔야 즌 대랄 드대욜세라

어긔야 어강됴리

(過編) 어느이다 노코시라

(金善調) 어긔야 내 가논 대 졈그랄셰라

어긔야 어강됴리

(小葉) 아으 다롱디리

〈정읍〉은 음악콘텐츠의 요소로서 가사가 전하고 있으며, 악곡으로 조선향악정제에 창으로 사용되었다. 조선 궁중향악의 기본을 이루고는 영산회상의 수제천 가락이 이 〈정읍〉에서 나왔다는 설이 있다. 이러한 관점으로 볼 때 〈정읍〉을 편곡하여 전통음악콘텐츠로 활용하여 가사가 있는 시조창·영산회상의 음악으로 하거나 또는 현대적 감각으로 재편곡하여 대중음악으로 창조하여 음악콘텐츠로서의 활용도를 높이는 것이라고 할 수 있다. 〈정읍〉을 제외하고 구체적인 노래의 가사가 전하지 않는 속악가사들은 노래의 유래와 내용을 음악 창작자가 상상력을 동원하여 가사·작곡을 해서 전통음악콘텐츠 또는 대중음악콘텐츠로 개발될 수 있다.

출판콘텐츠에는 다양한 장르들이 있는데, 아동을 위한 동화책, 소설, 시집, 인문학연구도서 등의 여러 콘텐츠들이 있지만 일반적으로 대중적인 콘텐츠로서 동화책과 소설에 한정하여 개발방안을 제시하면 다음과 같다. 출판콘텐츠로서 상호작용성의 요소를 살펴본다면, 먼저 문학적 텍스트로서 기승전결에 극적 완결성의 서사구조를 갖추고 있어야 한다. 따라서 삼국시대 속악가사들 중 그 내용이 완결된 서사구조를 갖추고 있는 작품은 고구려의 속악가사인 〈명주〉와 신라의 속악가사인 〈목주〉가 대표적인 작품이라고 할 수 있다. 〈명주〉는 남녀의 아름다운 사랑이야기를 담는 속악가사로 주로 소설장르로서 적합하며, 효를 주제로 다룬 〈목주〉는 아동장르의 동화책으로 콘텐츠화시키는 것이 적합하다. 이러한 완결된 서사구조를 갖는 속악가사들은 각색이라는 콘텐츠화 과정을 통해서 가능하며, 그 외 속악가사들은 서사구조가 빈약하기 때문에 작가적 상상력을 동원하여 새로운 창작과정을 통해 출판물로 콘텐츠화 시킬 수 있다.

공연콘텐츠에도 다양한 장르들이 있는데 공연콘텐츠 중 대중적인 장르로서 창극·연극·뮤지컬 등이 있다. 이러한 장르들로 한정하여 상호작용의 요소를 살펴본다면, 기본적으로 공연콘텐츠는 서사구조의 문학적 텍스트를 극예술의 언어와 무대 매커니즘을 통해 무대화시킨 것이다. 문학적 텍스트가 문자의 매체로서 담겨진 것이라면 극예술은 대사·몸짓·음향·조명·의상·음악·무대장치 등이 상호 유기적으로 결합된 매체라고 할 수 있다. 즉 출판매체가 작가의 상상력에 의해서 만들어진 문학의 세계라면 극예술매체는 작가의 상상력을 무대에 담는 연출·배우·스탭들의 공동 작업을 통해 만들어진 무대의 세계이다. 그러나 극예술의 세계를 표현하는 1차적인 작업으로 극작의 과정이 필요하다. 극작은 바로 서사구조를 갖춘 콘텐츠로 만드는 작업이다. 따라서 삼국시대의 속악가사들 중 완결된 서사구조를 갖춘 작품을 선정하여 공연콘텐츠화할 수 있는 속악가사로는 고구려의 속악가사인 〈명주〉라고 할 수 있다. 이 작품은 창극·연극·뮤지컬의 콘텐츠로 제작할 수 있는 완성도가 뛰어난 작품이라고 할 수 있다. 대중적으로 공감할 수 있는 '남녀 간의 사랑'을 극적 중심주제로 하여 사건 전개 과정에서 갈등관계의 설정과 극적인 사건 전개를 비롯하여 시공간적 설정과 사건에 따른 시공간의 변화도 구체적으로 제시되어 있어서 극적 완결성이 뛰어나다. 반면 서사구조가 빈약한 속악가사들의 경우 극작가의 상상력에 의해서 공연콘텐츠로 개발될 수 있다.

영상콘텐츠는 다른 문화콘텐츠에 비해 그 영역이 가장 광범위하다. 대표적인 영상콘텐츠의 장르는 영화·드라마·애니메이션이라고 할 수 있는데, 공통점은 바로 이야기를 갖춘 서사구조를 영상이라는 매체로 담으며 영상문법에 의해 그것을 창조하는 과정을 거친다는 것이다. 영상콘텐츠는 음악·출판·공연콘텐츠에 비해 매체가 갖는 속성이 복잡하고, 다양하게 이루어져 있다. 영화·드라마 장르의 관점에서 서사구조는 공간 미장센, 시간, 움직임으로 구성된 미장센으로 나누어진다. 공간적 미장센은 서사구조를 프레임 Frame, 즉 화면 영역으로 규정하는 경계 속에 담는다. 영상 안에 포함되는 모든 의상이나 배경, 색채, 질감 등의 아이콘 Icon으로 이루어져 있다. 또한 카메라로 대상물을 촬영하는 앵글 Angle 에 따라 스토리텔링의 시점이 달라질 수도 있고, 구도 Composition 에 따라서 수용자의 감정 상태에도 영향을 미친다. 시간과 움직임에 따른 구성의 미장센은 영상을 나누는 최소단위인 쇼트 shot 로 구분하고, 쇼트 안에서 인물의 움직임과 카메라의 서사구조를 표현한다. 이러한 미장센들은 영상편집을 통해 비로소 완성된 서사구조를 갖춘 영화로 재탄생하게 된다.

영화·드라마와 같은 영상콘텐츠로 탄생하기 위해서는 출판·공연콘텐츠의 과정처럼 1차적인 시나리오 작업이 필요하다. 시나리오는 바로 영상문법에 맞게 서사구조를 창조적으로 변형하는 과정이다. 따라서 삼국시대의 속악가사 중에서 완결한 서사구조를 갖춘 작품들 중 영상콘텐츠드라마·영화로서 가장 적합한 작품도 고구려의 속악가사인 〈명주〉라고 할 수 있다. 이것은 소재의 관점에서 가장 대중적인 문화콘텐츠 장르라고 할 수 있는 영화와 드라마가 추구하는 보편적인 소재인 '사랑 이야기'를 담고 있기 때문이다. 〈명주〉의 속악가사를 영화콘텐츠로 변형한다고 할 때 시공간적 배경·인물·의상·장소 등은 모두 미장센의 영역에서 아이콘에 포함될 것이며, 등장인물들의 행위을 통한 사건의 전개과정은 구도·앵글·쇼트 등의 영상문법에 상호 결합하여 하나의 완성된 영화로 제작될 것이다.

4

OSMU 전략에 따른 백제 속악가사 〈정읍〉의 문화콘텐츠화 사례 분석

1) 음악콘텐츠로 개발한 사례

삼국시대 속악가사 중 가장 널리 알려진 작품이 〈정읍〉이다. 물론 교과서와 방송·언론매체를 통해서 소개되는 것은 고려시대와 조선시대 노래가사가 전하는 〈정읍사〉가 대표적이다. 이것이 음악콘텐츠 개발된 사례로는 대표적인 것이 국악 실내악단 '어울림'의 1995년 발매된 음반 〈어울림 노래모음 5〉과 국악 명인이자 작곡가인 김영재의 〈김영재 국악인생 45주년 기념음반－김영재 거문고 창작곡집〉 음반이다. 어울림의 음반에는 신라의 대표적인 향가를 비롯하여 윤선도 시 〈어부사시사〉를 비롯하여 고려가요, 백제가요, 현대시 등이 노래와 연주곡으로 수록되어 있다. 음반 제작 콘셉트는 옛 문헌과 악보를 참고하여 학술적으로 재현한 음악이 아니라 현대적 감성에 맞게 창작국악으로 작곡한 곡들이다.

김영재가 작곡한 거문고 독주곡인 〈정읍사〉는 조선 궁중향악의 수제천 가락을 토대로 구성되었다. 원래 수제천은 정읍사를 노래하던 곡이었는데 지금은 가사 없이 음악만 연주한다. 최근 이 수제천의 악기 편성은 피리, 해금, 대금, 장구, 북에 아쟁과 소금을 첨가시켜 연주되는데, 김영

그림 3-12 ▶ 백제 속악가사 〈정읍〉의 음악콘텐츠화한 음반제작 사례

재가 거문고 독주곡으로 작곡하여 거문고의 현 가락과 울림으로 정악풍의 줄풍류 스타일로 음악 분위기를 자아낸다. 반면 어울림의 음반에 수록된 〈정읍사〉는 이병옥이 김영재의 곡을 다시 노래와 반주가 들어간 곡으로 편곡하여 대중적인 국악가요 스타일로 만들어냈다.

2) 공연콘텐츠로 개발한 사례

〈정읍〉은 이미 1990년대 후반 지역의 전통무용단체들에 의해 창작전통무용극으로 무대에 몇 번 선보인 적은 있었으나 대중적인 공연 장르인 뮤지컬로 선보인 적은 없었다. 2007년 정읍시는 지역향토문화의 복원과 대중화를 위한 공연콘텐츠 개발의 차원에서 백제의 속악가사 〈정읍〉을 뮤지컬 공연으로 창작하였다.

정읍시와 정읍사예술회관의 주최·주관으로 뮤지컬 〈달하노피곰도 다샤—정읍사〉라는 공연명으로 2007년 10월에 정읍사예술회관에서 초연하였다. 이 작품은 전문적인 뮤지컬 제작프로덕션 시스템에 의해서 극작·연출·작곡·안무 등을 구성하였고, 배우 오디션을 통해서 전문적인 뮤지컬 출연진으로 무대에 올렸다.

뮤지컬로 제작된 〈정읍사〉는 원작인 속악가사 〈정읍〉의 원형성이라고 할 수 있는 기본적인 줄거리보다는 원형적 심상만을 뮤지컬에 담았다. 따라서 작품의 내용은 원작이라고 할 수 있는 〈정읍〉과 완전히 다르다. 뮤지컬 작품에서는 시대적 배경을 백제 멸망 후 백제부흥운동의 역사적 사건 속에서 현존하는 정읍사를 백제 부흥군이 부른 민중가요로 재해석하였다.

따라서 작품줄거리도 속악가사의 내용과 전혀 다른데, AD 660년 당나라의 점령군에게 짓밟힌 정촌마을, 대장간에서 일하는 막지는 불길 속에 몸을 던져 연모하는 월하를 구출하지만, 점점 다가오는 적을 향해 저 편 어둠 속으로 나아가고, 진천은 천보노를 쏘아 적들을 죽이며 나타나 월하를 끌어안고 다시 눈뜰 수만 있다면, 뜨거운 사랑을 고백하며 막지를 찾아나간다. 화상으로 흉측해진 막지는 몸을 숨긴 채 월하와 진천을 향해 돌아서지 못하는 순간, 사랑만이 전부였던 세 사람의 엇갈린 사랑과 운명이 펼쳐진다. 남편을 잃은 아낙들과 전쟁터로 연인을 보낸 처녀들이 이 대장간 일을 하며 전사가 되어가고, 마지막 전사가 되어 점령군 당나라 특별대에 맞서 싸우다 쓰러져간다. 살아남은 자들은 망부석이 되어간다.[50]

백제의 속악가사 〈정읍〉이 뮤지컬 공연콘텐츠화되면서 기존 원작이 갖고 있는 작품내용에 흐르는 정서적 공감대인 '님을 그리워하는 애달픈 마음'은 뮤지컬 작품 속에 담았다. 비록 원작의 내용과 전혀 다른 내용이지만 원작이 갖고 있는 심성이라는 아우라Aura는 변화하지 않고 그대로 뮤지컬 속에서 전승되었다고 볼 수 있다. 또한 원작의 내용이 뮤지컬 작업에서 전혀 새로운 스토리라인으로 재창조하는 것은 오늘날 문화콘텐츠인 트렌드의 반영이라고 할 수 있다. 즉 남녀의 사랑 이야기이라는 원작의 심성을 갖추되 속악가사인 〈정읍〉의 단순한 줄거리로 뮤지컬화시키기에는 서사구조가 빈약하다. 결국 백제라는 시대적 배경은 그대로 갖고 가되 구체적으로 백제 멸망 후 백제부흥운동의 시점을 통해 혼란한 시기를 강조하여 남녀 간의 사랑을 극대화시킬 수 있는 시간적 배경이 설정되게 된다. 공간적 배경도 작가가 백제시대 구역 체제를 비롯하여 망부석과 관련된 설화가 전승되는 정읍지역에 대한 면밀한 조사와 고증작업을 통해 좀 더 세부적인 공간적 배경으로 첨촌마을 · 대장간으로 창조해 냈다. 등장인물 설정도 속악가사에서 단순히 남편과 남편을 기다리는 처로 구성한 것이 아니라 등장인물을 좀 더 확대시켰다.

뮤지컬 〈정읍사〉는 주요 인물설정과 사건 전개에 따른 주요 인물의 캐릭터 변화 양상[51])을 〈표 3-1〉과 같이 설명하고 있다.

이 작품의 갈등관계는 첨촌 마을의 젊은 연인들과 당나라 특별대로 설

---

50) 뮤지컬 〈정읍사〉 공식카페 http://cafe.naver.com/jeongeupsa.cafe

51) 뮤지컬 〈정읍사〉 공식카페 http://cafe.naver.com/jeongeupsa.cafe 참조, 본 논문에서 재구성

표 3-1 ▶ 뮤지컬 "정읍사"의 주요 인물설정 – 사건전개에 따른 변화 양상

등장인물	등장인물 설정	사건전개에 따른 캐릭터 변화 양상
월하(여)	남편을 보내고 남편을 그리워하다 망부석이 된다.	전쟁고아소녀 – 양녀 – 마을처녀 – 막지와 진천의 연인 – 진천의 신부 – 여전사 – 망부석
진천(남)	월하의 남편이다. 대장장이로 천보노 기술자 당나라 황제가 보낸 특별군에게 체포되어, 신부와 헤어지게 되고 죽는다.	전쟁고아 – 대장간 야장(冶匠) – 노사(弩師) – 신랑 – 체포
막지(남)	말더듬이로 근육질의 수줍은 남자이다. 첫사랑이자 짝사랑 누이 월하를 위해 목숨을 바치는 비극적인 인물이다.	전쟁고아 – 내장장이 – 부흥군 – 점령군 – 마지막 전사 – 죽음

정하였다. 이것은 시대적 상황을 고려한 갈등관계의 설정도 있겠지만 백제를 멸망시킨 신라로 설정할 때 한민족이라는 의식속에서 희석되어 버릴 수 있는 단점을 극복하기 위한 작가의 의도가 담겨져 있다.

뮤지컬 〈정읍사〉는 2008년 정읍시에서 공연되어 아직 OSMU 마케팅 전략의 관점에서 성공한 작품이라고 평가하기엔 시기상조라고 할 수 있다. 반면 OSMU 전략에 따른 소재발굴과 매체 간 상호작용에 의한 창작력은 높이 평가할 수 있다.

그림 3-13 　뮤지컬 "달하노피곰도다샤 – 정읍사" 공연 장면[52]

---

52) 뮤지컬 〈정읍사〉 공식카페 〈http://cafe.naver.com/jeongeupsa.cafe〉

5

속악가사의 문화콘텐츠화 방안

지금까지 문화콘텐츠의 특성이라고 할 수 있는 원형성·창조성·차별성·상호작용성을 채트먼의 서사구조와 담론의 형식에 적용하여 삼국시대 속악가사를 문화콘텐츠화시킬 수 있는 방안에 대해 살펴보았다.

삼국시대 속악가사는 구체적으로 노래나 악곡이 전하지 않고 단순히 유래와 내용만이 전하고 있기 때문에 그 동안 통사론적 연구로서 한국음악사와 한국문학사의 일부로서 다루어왔다. 그러나 2000년대 들어 전통문화콘텐츠에서 왕조 중심의 창작 콘텐츠 소재 발굴 풍조에서 벗어나 민중의 삶 속에서 콘텐츠 소재를 찾으려는 시도에서 영화와 TV 중 '사극열풍'이나 '고구려 프로젝트' 등의 콘텐츠 제작 트렌드가 유행하기도 하였다. 이러한 논점에서 삼국시대의 속악가사의 내용이 단순하다고 할 수 있으나 오늘날 다양한 문화콘텐츠의 상호작용성 속에서 창조와 차별성에 의해 새로운 문화콘텐츠 개발이 가능하다는 것으로 연구의 출발점을 잡았다.

대중적인 문화콘텐츠라고 할 수 있는 소설·뮤지컬·영화·드라마 등의 콘텐츠들은 공통적으로 서사구조를 바탕으로 스토리텔링을 한다는 것이다. 이러한 문화콘텐츠의 속성에 맞게 삼국시대 속악가사를 문화콘텐츠화하기 위해서 먼저 문학적 텍스트로 서사구조에 대한 분석이 필요하였다. 그래서 삼국시대 속악가사들을 서사구조의 틀이라고 할 수 있는 시공간적 배경·인물설정·사건전개방식·갈등관계·완결된 결말 구조에 적용하여 분석하였을 때 대부분의 속악가사들은 서사구조가 빈약하다는 것을 알 수 있었고, 다만 속악가사의 원문 내용에 양은 많이 있는 속악가사들의 경우 서사 구조를 갖추고 있다는 것을 알았다.

삼국시대의 속악가사들을 문화콘텐츠화하기 위한 방안으로 제시된 매체 간의 상호작용성을 방법론으로 하여 속악가사들을 분석해 본 결과 완결된 서사구조를 갖춘 작품들이 매체적 상호작용에 의해 새로운 문화콘텐츠로 개발될 수 있는 가능성이 높다는 것을 알았다. 다만 문학적 텍스트 분석과 상호작용성에 의한 분석 모두에서 서사적 구조가 빈약하다고 하여 반드시 문화콘텐츠로 개발될 가능성이 희박하다는 것은 아니다라는 것을 〈정읍〉이라는 백제의 속악가사에서 찾을 수 있었다. 속악가사의 내용이 빈약하지만 그것을 매체 간 상호작용에 의해서 매체의 속성에 맞게 창작하고 차별화한다면 성공할 수 있는 가능성도 있다는 것을 알았다. 또한 〈정읍〉은 우리 고대 문학의 문화콘텐츠화시킬 때 반드시 염두해 두어야 하는 보편성에 대한 문제점을 제시해 준다. 아무리 서사구조가 뛰어난 속악가사라도 현시대의 사람들이 잘 모르는 소재를 문화콘텐츠화하기는 쉽지 않다는 것이다. 비록 〈정읍〉이라는 속악가사에 대한 내용을 잘 모르지만 〈정읍사〉에 대한 노래는 누구나 교과서나 대중적 매체를 통해 익숙해져 있다는 보편성을 통해 소재를 발굴하여 문화콘텐츠화시킬 수 있다는 것이다.

끝으로 문화콘텐츠의 특성을 체트먼의 서사구조와 담론의 형식에 적용하여 연구하였는데, 아직 시론적 단계의 연구에 불과하다. 따라서 좀 더 체계적인 연구와 성과가 필요할 것으로 보인다.

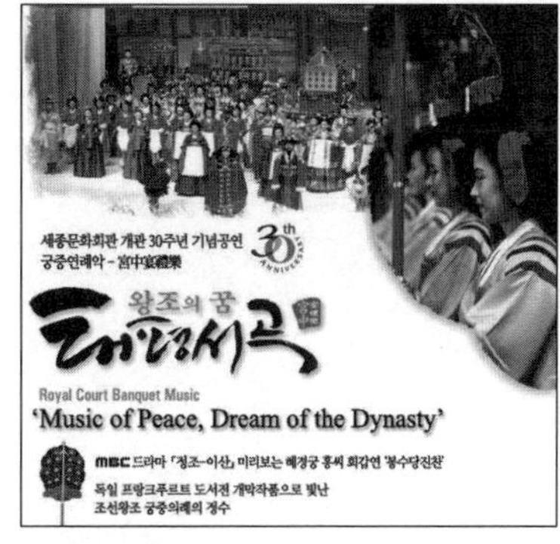

그림 3-14 ▶ 궁중연례악 "수제천"

제**4**장

캐퍼러의 브랜드 아이덴티티 구축 모델을 활용한 문화콘텐츠의 브랜드 아이덴티티 분석

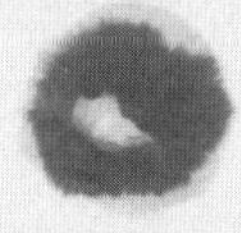

1
개 요

오늘날 산업사회에서 소비자는 기업이나 제품에 대한 선호도를 평가하는 척도로시 제품의 유형적 가치인 품질보다는 무형저 가치로서 제품이 갖는 문화적 특성을 중요시 여긴다. 즉, 오늘날 소비자들은 제품이 갖고 있는 기능적인 특징뿐만 아니라 제품 고유의 브랜드가 갖고 있는 이미지와 가치를 함께 구매한다는 것이다. 브랜드에 따른 소비자의 구매심리는 문화콘텐츠 산업에서도 그 중요성이 강조되고 있는데, 특히 대중문화를 이루고 있는 다양한 문화콘텐츠들도 재화의 기능을 갖추지 않으면 생산될 수 없는 제작 시스템이기 때문이다. 문화가 문화로서의 가치를 실현하기 위해서는 그것이 유형의 상품이든 무형의 서비스 상품이든 브랜드 아이덴티티를 갖추고 있어야만 문화콘텐츠의 생존에서 살아남을 수 있기 때문이다.

1990년대 초반 소비자의 무한한 욕구에 따라 기업들은 다른 경쟁기업들과 제품의 기능을 뛰어넘는 효과적인 차별화 전략으로 강력한 브랜드 구축이 필요하다는 인식에서 등장한 것이 브랜드 아이덴티티Brand Identity라는 개념이다. 캐퍼러Jean-Noel Kapferer 에 의해 처음 브랜드 아이덴티티 개념이 도입된 이래 업쇼Lynn B. Upshaw, 아커David Aaker 등의 학자들에 의해서 브랜드 아이덴티티 구축에 대한 연구가 발전해왔다. 특히 캐퍼러의 브랜드 아이덴티티 구축 모델안은 기존의 브랜드 아이덴티티 구성요소들이 생산자 중심의 마케팅·편익·정서·심리적 가치 제공을 강조하는 것에서 벗어나 문화·소비자 반영·관계·자아 이미지를 더 강조하고, 그것을 브랜드 아이덴티티의 개념에 접목하여 이 개념을 더 확장 시켰다. 따라서 오늘날 기업이 '제품을 판매하는 것이 아니라 문화를 판매한다'는 논리에 적합한 모델안으로 인정받고 있다.

그는 기업이 신제품을 출시하여 브랜드명을 붙여 주었을 때 처음에는 무의미한 단어로 소비자에게 인식되지만 해를 거듭할수록 제품과 소비자간의 커뮤니케이션을 통해 소비자의 기억들의 조합 속에서 새로운 의미를 획득하게 된다고 브랜드 아이덴티티를 정의하고 있다. 그래서 브랜드 아이덴티티의 개념을 제품과 서비스에 관한 총체적인 구조물로서 그것의 가치와 정체성이 어떻게 구현되는가에 관한 통합적인 집합체로 보았다. 또한 그는 브랜드 아이덴티티의 구성요소들을 제품의 물리적 특징 Physique, 개성 Personality, 문화 Culture, 관계 Relationship, 소비자 반영 Reflection, 자아 이미지 Self Image로 보고, 이러한 6가지 구성요소들의 상호작용을 통해서 브랜드 아이덴티티가 구축된다고 보았다.

이러한 관점에서 볼 때, 캐퍼러의 이론은 그 동안 문화콘텐츠와 관련된 일련의 콘텐츠 개발과 콘텐츠 생산자 중심의 연구에서 벗어나 콘텐츠를 소비하고 향유하는 소비자 중심의 문화콘텐츠 연구에 좋은 분석 모델안을 제시해 준다.

문화콘텐츠의 가치 사슬은 제작, 유통, 소비의 경제학적인 원리를 갖고 있다. 문화콘텐츠는 문화상품으로서 제작되어 생산자와 소비자 간의 커뮤니케이션에 의해 유통 및 소비된다. 단순하게 본다면, 문화상품도 일반적인 제품과 비슷하게 소비자의 구매의지와 행동 양식에 의해 소비 및 유통된다고 볼 수 있다.

캐퍼러의 브랜드 아이덴티티 이론은 소비자 중심의 커뮤니케이션에 의해서 브랜드의 준거틀을 확장하는 데 기여하였는데, 그의 이론에서 제시된 6개의 브랜드 아이덴티티의 구성요소들을 문화콘텐츠 브랜드 아이덴티티 분식에 적용하기 위해서 다음과 같은 가설을 설정하였다.

① 물리적 속성Physique은 문화콘텐츠를 담는 매체적 속성을 말한다.

② 개성Personality은 콘텐츠로 개발된 상품 자체의 개성을 말한다.

③ 문화Culture는 콘텐츠로 개발된 상품의 구체적인 문화적 표상이자 자체의 문화적 속성을 갖고 있다.

④ 관계Relationship는 콘텐츠로 개발된 상품 또는 상품을 생산하는 생산자와 소비자 간의 상호작용을 말한다.

⑤ 소비자 반영Reflection은 콘텐츠로 개발된 상품에 내재되어 있는 소비자의 이미지 또는 상품이 소비자의 의식에 반영되어 나타나는 상을 말한다.

⑥ 자아 이미지Self Image는 특정 콘텐츠 상품의 브랜드에 대한 수용방식을 통해 소비자는 자기만의 브랜드 이미지를 형성하는 것을 말한다.

이러한 가설 설정을 위해서 먼저 캐퍼러의 브랜드 아이덴티티 구축 모델안에 대한 이론적 연구를 먼저 수행하고, 그런 다음 위에서 제시된 캐퍼러의 브랜드 아이덴티티 구성요소들을 분석사례로 선정된 공연콘텐츠 코믹-마샬아츠 퍼포먼스 〈점프〉에 적용하여 브랜드 아이덴티티의 구성요소들을 분석하려고 한다.

브랜드 아이텐티티와 문화콘텐츠

1) 브랜드 아이덴티티

일반적으로 브랜드 Brand 하면 브랜드명이나 로고·심볼, 캐릭터, 슬로건 등으로 인식 한다든지, TV광고 등 커뮤니케이션의 일관성을 유지하기 위한 마케팅 전략의 차원에서 소위 BI라 부르는 작업을 브랜드 아이덴티티로 오해하기 쉽다. 이것은 1990년대 중반 우리나라 기업들의 브랜드 아이덴티티라는 용어가 처음 사용되면서 경제학자인 켈러 Kevin Lane Keller 의 브랜드 요소를 브랜드 아이덴티티로 오해하는 경우에서 발생한 용어적 혼란이라고 할 수 있다. 위에서 언급된 브랜드의 요소들이나 디자인 업체의 BI 작업은 브랜드 아이덴티티의 일부분으로 이해하면 될 것이다. 바로 이러한 측면에서 '브랜드 아이덴티티 Brand Identity'라는 개념은 매우 복잡한 구조적 결합체로서 이해해야 하는 개념이라는 것을 알 수 있다.

켈러는 브랜드 이미지 Brand Image 를 정의하면서 '소비자의 기억 속에 저장된 브랜드 연상에 의해 반영되는 브랜드에 대한 자각', 즉 소비자가 그 브랜드에 대해 갖는 전체적인 인상이라고 정의하고 있다.[1] 이 개념을 소

---

1) Kevin. Lane Keller, *Strategic Brand Management*, Prentice Hall, 1998, p.93.

비자와 기업간의 상호 커뮤니케이션의 작용으로 구조화시킨다면, 브랜드 이미지는 소비자에게 형성되는 기업 또는 상품의 이미지이다. 기업과 소비자 간의 상호작용에 의해 기업이 브랜드를 통해서 전달하고자하는 것이 브랜드 아이덴티티라면, 소비자는 브랜드를 통해서 상품의 이미지를 형성한다. 상품의 이미지는 결국 브랜드 이미지이다. 기업이 목표로 하는 브랜드 이미지의 방향으로 소비자들 기억 속에 포지셔닝 Positioning 할 수 있도록 하는 전략도구가 바로 브랜드 아이덴티티라고 할 수 있다.

학문적으로 '브랜드 아이덴티티'라는 용어는 프랑스 HEC Hautes Etudes Commerciales 의 마케팅 교수인 쟝 노엘 캐퍼러 Jean-Noel Kapferer 에 의해서 사용되었다가 1996년에 UC버클리 경영학과 교수인 데이비드 아커 David A. Aaker 가 브랜드 아이덴티티 시스템을 제안하면서 실무적으로 많은 발전을 이루게 되었다.[2] 또한 린 비 업쇼 Lynn B. Upshaw 는 바람직한 브랜드 이미지를 형성하는 통합적 지각의 개념으로 브랜드 아이덴티티를 제안하였다.

아커에 의하면, 브랜드 아이덴티티는 브랜드의 가치체계와 성향, 목표, 의미 등을 보여주는 것으로 소비자에게 형성된 브랜드의 연상 이미지가 집합이 되어 기업의 브랜드 자산의 근간이 되기 때문에 이것을 체계적이고 창조적으로 구조화된 시스템으로 관리해야 한다고 하였다.

업쇼는 브랜드 아이덴티티를 브랜드 자산의 일부로 보고, 시장에서 자사의 제품, 서비스를 소비자들이 통합적 지각에 의해서 인식하고, 브랜

---

2) 홍성민, "새롭게 보는 마케팅 이야기", Weekly Report 158호, 라이터스 편집부, 2004. p.71.

드 이미지가 어떻게 구체적으로 포지셔닝되는가에 대한 통합적 요소로 보았다. 즉 소비자들이 시장에서 브랜드에 대한 특별한 개성이나 포지셔닝을 인식하는데, 브랜드에 대한 요소들을 개별적으로 인식하기보다는 통합적 지각에 의해서 브랜드를 인식한다는 것이다.

　그는 브랜드의 내적 정체성을 외부로 표현하기 위해서 사용되는 다양한 이미지, 말, 생각, 연상의 조합을 브랜드 인지형태로 보고, 이러한 시각적·감각적 요소들에 특정한 스타일과 테마를 부여함으로써 소비자들에게 브랜드에 대한 총체적인 체험과 경험을 제공한 후 기업이 창출하고자 하는 브랜드 이미지를 형성하는 것이 브랜드 아이덴티티의 관리라고 하였다.3)

　캐퍼러는 기업과 고객의 구체적인 상호작용 또는 브랜드만의 개성을 결정하는 브랜드 아이덴티티의 주도적인 역할을 강조하였다. 브랜드 아이덴티티가 이러한 역할을 하기 위해서 기업은 자사의 브랜드를 소비자에게 심어 주고자 하는 브랜드의 목표와 미래상을 명확히 제시해야 하고, 자사의 브랜드가 갖는 독창적이고 차별화된 요소, 자사의 브랜드만이 갖는 불변의 고유한 본질, 자사의 브랜드가 추구하는 유·무형적 가치, 소비자가 브랜드를 인식할 수 있는 기표로서 다양한 메시지들이 있어야 한다고 하였다. 또한 브랜드가 여러 가지 메시지로서 드러날 때 그것들이 갖는 상징적 의미들을 소비자들에게 보여 주어야 한다고 하였다. 이러한 관점에 그는 브랜드를 구체적으로 표현할 수 있는 범위를 한정하는 동시

---

3) 손일권, 『브랜드 아이덴티티: 100년 기업을 넘어서는 브랜드 커뮤니케이션 전략)』, 경영정신, 2003, p.192.

에 브랜드의 표현 범위를 확장해야 한다고 하였다.

여러 학자들의 브랜드 아이덴티티에 대한 개념들을 종합적으로 정리해보면, 브랜드 아이덴티티는 기업이 유무형의 상품에 브랜드를 붙여 주어 시장에 공급했을 때, 소비자들이 모든 감각에 의해 브랜드를 구성하고 있는 요소들을 인식하는 데 영향을 미치는 다양한 요인들이 혼합된 개념이라고 할 수 있다. 더 나아가 소비자가 브랜드를 인식하도록 하는 유무형적 실행전략으로서 다양한 마케팅 전략들이 포함되는 개념이라고 할 수 있다. 브랜드 아이덴티티는 브랜드가 제품 이상의 의미를 지니고 있다는 전제하에 브랜드는 소비자와 다양한 커뮤니케이션 과정을 통해 브랜드의 개성, 물리적 편익 외에 내적 편익성, 소비자의 연상 이미지 등이 인식되는 것이다. 여기서 말하는 브랜드의 개성·연상·이미지의 관계는 소비자가 브랜드 연상이 체계적으로 조직화되어 뚜렷한 의미를 가지게 된 것을 의미하고, 브랜드 이미지는 소비자가 브랜드로부터 연상하는 편익이나 결과의 내용, 그리고 과거의 판촉이나 명성, 동료 집단의 평가 등을 모두 포함하는 좀 더 광의의 개념을 말한다.[4] 따라서 브랜드 아이덴티티는 브랜드에 대한 경향, 목표, 의미를 준다고 할 수 있고, 이러한 브랜드 아이덴티티는 브랜드에 전략적 시각의 중심이 된다.[5]

---

4) 손일권(2003), 같은 책, p.193.

5) David A. Aaker, *Building Strong Brands*, The Free Press, 1996, p.68.

2) 캐퍼러의 브랜드 아이덴티티 구축 모델 소개

브랜드 아이덴티티는 소비자들의 욕구충족 기준이 심리적인 차별화에 있다는 사실에 전제하여 이상적인 브랜드를 연상시켜 궁극적으로 자사의 브랜드 이미지를 향상시키고 선호도를 증가시키고자 하는 것에 목적을 두고 있다. 즉 기업은 브랜드가 창출하는 목적을 달성하고자 고객에게 명확한 브랜드 이미지를 심어 주고, 브랜드를 효과적으로 고객에게 인식시켜 주고자 고객에게 일관된 브랜드 연상을 제공할 수 있어야 한다. 이것은 브랜드 아이덴티티를 명확하고 체계적으로 구축해야만 브랜드를 통해서 기업이 달성하고자 하는 목적을 이룰 수 있다.

브랜드 아이덴티티의 구축은 브랜드를 설계하고 브랜드에서 브랜드 아이덴티티를 도출해 내는 선행과정이 필요하다. 그리고 그것을 소비자에게 효율적으로 전달하고 소비자에게 각인된 브랜드 상에 대한 분석·수정·보완의 총체적인 과정이 필요하다. 특히 브랜드 아이덴티티를 구성하고 있는 핵심적인 요소들을 도출하여 이것을 브랜드에 반영할 수 있도록 전체적인 구조를 형성하는 것이 필요하다.

그 동안 여러 학자들에 의해서 브랜드 아이덴티티의 구축 모델안이 제시되었는데, 잘 알려진 것이 아커 Aaker, 업쇼 Upshaw, 캐퍼러 Kapferer 의 브랜드 아이덴티티 모델이다. 일반적으로 마케팅의 관점에서 출발하여 기업의 사업전략과 연계가 용이한 좋은 토대로 구성되어 있다는 평가를 받고 있는 것이 아커의 모델이지만 본 지에서는 문화콘텐츠와의 연관성 측면에서 캐퍼러의 브랜드 아이덴티티 모델을 소개한다.

캐퍼러의 브랜드 아이덴티티 구축 모델은 브랜드가 새로운 제품과 연계되어 처음에는 무의미한 단어로 시작하지만 해를 거듭할수록 커뮤니케이션과 제품과 관련된 기억의 조합 속에서 새로운 의미를 획득하게 된다고 브랜드 아이덴티티를 정의하고 있다.[6] 그는 브랜드를 통합적 집합체이자 총체적인 구조물로 보고 유무형의 상품 브랜드를 인식하는 소비자의 인식방식과 브랜드의 구현방식에 초점을 두고 있다. 이러한 그의 브랜드 아이덴티티, 개념은 브랜드가 갖고 있는 외부적 관계뿐만 아니라 브랜드의 내적 본질도 중요시하고 있다.

캐퍼러는 브랜드 아이덴티티 구축 방향을 브랜드 아이덴티티 프리즘을 통해서 보다 구체적인 형태로 소개하고 있는데, 그가 제시하는 브랜드 아이덴티티를 구성하는 핵심 요소들은 6가지로 제품의 물리적 특징 Physique, 개성 Personality, 문화 Culture, 관계 Relationship, 소비자 반영 Reflection, 자아 이미지 Self Image이다. 이러한 브랜드 아이덴티티 구성요소들을 개별적으로 살펴보면 다음과 같다.

제품의 물리적 특징 Physique은 제품이든 서비스든 제품의 기능과 유형적 가치를 말하는 것으로 브랜드 구축의 첫 단계를 형성하는 필수적인 요소이다. 제품의 물리적 특징은 브랜드가 소비자에게 인식될 때 가장 현저하고 객관적인 특징이나 새로운 특징의 조합으로 형성된다. 이러한 물리적 특징은 브랜드를 개발하는 전통적인 커뮤니케이션의 기초로 브랜드의 지식과 포지셔닝에 해당된다. 예를 들어, 영어로 "써티원 Thirty-One"

---

6) Jean-Noel Kapferer, *Strategic Brand Management*, The Free Press, 1992, p.100.

이라고 말할 때 연상되는 것이 베스킨 라빈스 아이스크림처럼 고객들은 바로 31가지의 베스킨라빈스 아이스크림 제품들을 생각한다.

그림 4-1 ▶ 베스킨라빈스 로고

브랜드의 개성 Personality 은 브랜드와 연관된 브랜드 자체의 개성이며 광고·홍보 등의 커뮤니케이션을 통해 특정 브랜드만의 개성을 더욱 구체적으로 구축할 수 있다. 어떤 특정한 상품이 갖는 외형직 특징도 브랜드의 개성에 속하고, 광고매체를 통해서 특정한 이미지를 활용하여 제품을 홍보하는 것도 브랜드의 개성을 구축하는 전략이다. 예를 들어, 딱정벌레나 풍뎅이 모양의 자동차는 폭스바겐이라는 자동차의 브랜드 '비틀'로

그림 4-2 ▶ 폭스바겐 광고 이미지

인식한다.

브랜드의 문화적인 측면으로 브랜드 아이덴티티의 구성요소로서 문화 Culture 는 그것이 의도적이든 아니든 브랜드가 새로운 라이프스타일을 창조하거나 사회적으로 영향을 준다는 것이다. 또한 브랜드 자체가 문화적 트렌드로서 구체적인 표상이 되기도 하고 커뮤니케이션의 수단과 방법이 되기도 한다. 그래서 기업은 브랜드에 기업 또는 상품만의 가치관과 철학을 담는 것으로 브랜드의 가치창출에 많은 노력을 한다. 결국 이러한 브랜드 아이덴티티의 문화적 요소는 소비자에게 기업에 대한 좋은 이미지를 심어 주는 데 중요한 역할을 한다. 또한 문화는 브랜드의 영감을 살찌우는 가치의 단위를 의미하며 가시적인 기호 안에 브랜드를 운영하는 기초원리가 된다고 보았다. 그래서 브랜드는 문화에 의해 주도되기도 하지만 문화를 전달하기도 한다[7]고 보았다. 예를 들어, 스타벅스는 오늘날 커피를 즐기는 문화를 혁신적으로 바꾸어 놓은 대표적인 브랜드 아이덴티티 사례로 꼽힌다. 또한 제품의 홍보를 위한 TV광고에서 사용된 말이나 행동이 일반인들에게 유행어로 사용되어 새로운 문화의 트렌드로 각광받는 경우도 있다. 이것은 브랜드가 갖는 커뮤니케이션 과정에서 생성된 브랜드 아이덴티티적 요소이다.

관계 Relationship 는 브랜드와 소비자 간의 측면으로 브랜드가 소비자들 간의 무형적 거래와 교환의 핵심이다. 소비자들이 어떤 특정 브랜드에 대해서 느끼는 욕구나 태도를 제품에 내재시키고 있다는 의미이다. 예를

---

7) Jean-Noel Kapferer(1992), 같은 책, p.110.

그림 4-3 스타벅스 광고 이미지

그림 4-4 아가방 광고 이미지

들어, 아가방이라는 브랜드는 엄마와 아이 간의 관계인 모정을 아가방이라는 브랜드에 내재시키고 있다.

사용자 이미지Reflection는 브랜드가 소비자의 의식에 반영되어 나타나는 상과 연관된 개념이다. 브랜드에 관한 소비자의 시각을 물었을 때, 그들은 자신들이 어떠한 위치에 있느냐에 따라 대답한다. 왜냐하면 브랜드는 소비자, 사용자로부터 형성되는 상想과 이미지를 통해 구축되기 때문이다. 고객은 목표된 형태로 반영된다기보다는 자신들이 원하는 브랜드 사용자의 모습을 반영하고자 한다.[8] 이러한 사용자 이미지를 브랜드 타깃목표 고객과 혼동하는데, 목표고객target 은 브랜드의 잠재적 구매자나 사용자를 의미하는 반면 사용자 이미지는 반드시 타깃을 의미하는 것이 아니라 브랜드가 대중에게 제공하는 타깃의 이미지를 말한다. 예를 들어, 구치나 프라다라는 브랜드에 관해서 소비자에게 물어보았을 때, 이 브랜드가 명품이라는 말도 나오겠지만, '된장녀속어로 명품을 좋아하는 여자 들이 좋아하는 것'이라는 대답도 나올 것이다.

자아 이미지Self Image 는 목표고객 자신의 내부적 이미지를 말하는 개념으로 특정 브랜드에 대한 태도를 통해 고객은 자기 안에 브랜드와의 관계 형태를 개발하게 되는 것이다. 고객은 특정 브랜드에 자기표현을 통해 자기 자신을 입증 받고자 한다. 예를 들어, 현대자동차의 '그랜저 럭셔리'라는 브랜드의 TV광고 이미지는 중후한 신사가 차를 타는 영상을 통해서 성공한 사람들의 모습을 반영하지만 어떤 사용자는 그랜저 럭셔리를 구입할 수 있는 경제적 능력이 있다는 것을 증명하기 위해 구입하기도 한다.

캐퍼러는 기업을 브랜드의 송신자Sender 로, 소비자는 브랜드의 수신자Recipient 로 설정하였다. 브랜드의 물리적 특징과 개성은 기업의 입장에서

---

8) 이승훈, "브랜드 아이덴티티에 대한 이론적 고찰", Branding Column, 〈www.brandmajor.com〉, 2005.

그림 4-5 　더 럭셔리그랜져 TV광고

소비자들에게 커뮤니케이션하는 브랜드 아이덴티티 구성요소로 설정하고, 소비자 반영과 자아 이미지는 소비자들이 브랜드를 인식하는 브랜드 아이덴티티 구성요소로 설정하였다. 그리고 송신자인 기업은 브랜드를 통해서 의도한 대로 수신자인 소비자와의 동일성을 확보할 수 있다고 보았다. 또한 그는 관계와 문화를 송신자와 수신자를 상호 작용하는 요인으로 보았다. 소비자와 외부적 관계 Externalisation 는 브랜드가 외부적으로 표현되어 사회적으로 가시화되는 요인들을 형성하고, 문화를 통해서 기업과 제품과의 내부적 관계 Internalisation 는 브랜드 자체 내에서 통합되는 요인들을 형성한다고 하였다. 따라서 이러한 6가지의 브랜드 아이덴티티 구성요소들이 상호 유기적으로 결합되어 브랜드 아이덴티티가 형성된다고 보았다.

지금까지 설명한 캐퍼러의 브랜드 아이덴티티 구축방향을 모델화하면 〈그림 4-6〉과 같다.[9]

캐퍼러의 브랜드 아이덴티티 모델은 내부적 요인들인 개성, 문화, 자아 이미지는 브랜드 자체가 소비자들에게 상징하거나 표현하고자 하는

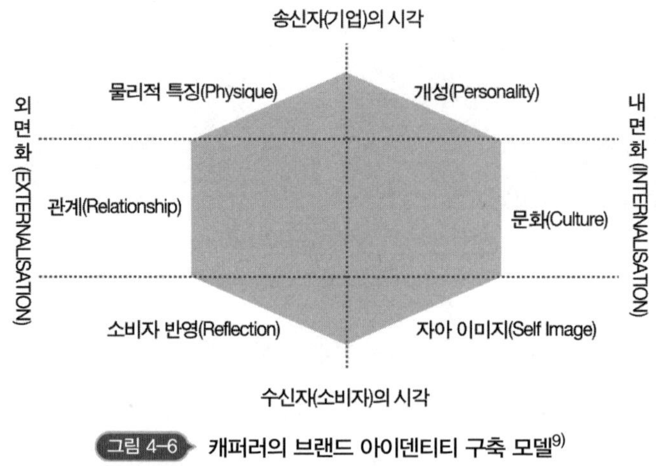

그림 4-6 ▶ 캐퍼러의 브랜드 아이덴티티 구축 모델[9]

9) Jean-Noel Kapferer(1992), 같은 책, p.100.

것이지만 외부적 요인인 물리적 특성, 관계, 사용자 이미지는 브랜드를 실제적으로 사용하는 사용자들의 특성을 구체화한 개념들이다.[10] 이러한 관점에서 볼 때, 캐퍼러의 브랜드 아이덴티티 모델은 브랜드의 실행과 브랜드를 통한 소비자와 기업의 커뮤니케이션 관점에서 유용한 모델이지만 브랜드 마케팅의 관점에서 기업의 경영 전략을 주도하는 데는 한계점을 지니고 있다. 또한 브랜드의 아이덴티티 요소들의 관계에 치중하여 브랜드 아이덴티티를 구성하는 요소들에 대한 구체적인 설명이 미흡한 것이 단점이다.

3) 문화콘텐츠와 브랜드의 관계

문화콘텐츠 Culture Content 는 창의력, 상상력을 원천으로 '문화적 요소'가 구체화되어 경제적 가치를 창출하는 문화상품 Cultural Commodity 을 의미한다. 문화콘텐츠의 창작원천인 '문화적 요소'에는 생활양식, 전통문화, 예술, 이야기, 대중문화, 신화, 개인의 경험, 역사기록 등 다양한 요소들이 포함되어 있다. 이러한 '문화적 요소'는 창의성과 기술을 바탕으로 고부가가치를 창출하는 문화콘텐츠로 전환될 수 있다. 이 과정에서 창의적 기획력은 '문화적 요소'에 새로운 '혼'을 불어 넣는 원동력이다. 박물관 자료실 한구석에 쌓여 있던 역사적 기록, 이야기, 디자인이 소설로, 영화로, 게임으로 만화로, 애니메이션으로, 에듀테인먼트 콘텐츠로, 캐릭터로 새

---

10) 손일권(2003), 같은 책, p.195.

롭게 태어날 수 있는 것이다.[11]

문화산업의 범주 속에서 문화콘텐츠산업은 문화를 상품으로 생산·유통·소비하는 산업이다. 문화콘텐츠를 산업적으로 생산한 것이 문화콘텐츠상품이며, 다른 일반적인 상품과 마찬가지로 수요·공급의 법칙이 적용되는 시장을 통해 유통과 소비의 단계를 거친다. 즉 문화콘텐츠산업은 문화적인 요소와 경제적인 요소가 각각의 특수성을 유지하면서 결합된 형태의 산업이다.[12]

필립 코틀러Philip Kotler에 따르면, 제품이란 니즈needs와 원츠wants를 충족시키기 위해 주의를 끌거나 소유, 사용 등 소비를 목적으로 시장에 제공될 수 있는 모든 것을 말한다. 코틀러의 제품에 대한 정의의 관점에서 제품을 분류하면, 물리적 상품시리얼, 자동차 등, 소매상점 백화점, 슈퍼마켓 등, 인물정치인, 연예인 또는 운동선수, 조직 비영리 조직, 무역기구, 예술단체이 될 수도 있고, 또는 아이디어정치적 또는 사회적 명분가 될 수도 있다.[13] 위의 견해에 따르면 문화콘텐츠상품도 결국 소비자에게 있어서 제품으로서 최종 소비되는 상품이기 때문에 문화콘텐츠도 상품이라는 정의를 도출해낼 수 있다. 그러나 문화콘텐츠상품은 일반적인 산업상품과 다른 고유의 특성을 갖고 있다.

첫째, 문화콘텐츠상품은 일반 산업의 상품처럼 하나의 브랜드로 소비자에게 소개되고, 하나의 브랜드만 인식하여 소비되는 것이 아니라 하나

---

11) 네이버 오픈 사전 참조.

12) 이대희, 『문화산업론』, 대영문화사, 2001, p.7.

13) Philip Kotler, *Marketing Management 8th ed.*, Prentice Hall, 1994, p.432.

의 상품에 다양한 브랜드 가치가 형성되어 통합된 브랜드로서 소비자에게 다양한 브랜드 가치가 소개되고 그것들을 소비자가 인식하여 소비한다. 예를 들어, 어느 뮤지컬 상품이 소비자에게 소개될 때 뮤지컬 공연명만 소개되는 것이 아니라 누가 제작하였고, 누가 음악을 담당하였고, 누가 연출을 하고, 누가 출연하는 공연상품이라는 것에 따라 수요가 변화될 수 있다는 것이다. 즉 소비자는 뮤지컬을 구성하고 있는 여러 구성요소들을 모두 나름대로의 브랜드로 간주되어 브랜드 가치를 판단하여 공연티켓을 구매한다는 것이다. 이러한 관점에서 문화콘텐츠상품이 갖는 통합적 브랜드의 가치를 샘 힐과 크리스 레더러 Sam Hill and Chris Lederer 는 브랜드 분자 개념으로 보았는데, 브랜드는 단독의 브랜드가 아닌 다양한 브랜드의 연합된 포트폴리오 portfolio 로서 소비자에게 소개되며, 이것을 브랜드 분자 brand molecule 라고 하였다.14)

둘째, 문화콘텐츠상품은 브랜드의 대체적 브랜드가 없다는 것이다. 즉, 일반적인 산업상품은 어느 특정 브랜드 상품이 없을 때 그와 비슷한 대체 상품으로 소비할 수 있는데, 문화콘텐츠상품은 어느 특정 브랜드가 없을 때 비슷한 유형의 대체 상품을 구입하지 않는다는 것이다. 즉 반복적인 경험을 통해 일정한 기호가 형성될 때 비로소 소비가 시작되는 경험재의 성격과 문화상품에 대한 기호가 후천적으로 개발·교육되기 때문에 상품 자체가 타 상품에 쉽게 대체되지 않는 비대체성의 특징을 갖는다. 예를 들어, 뮤지컬 공연 상품 중 작품 내용이 똑같은 작품이라도 이

---

14) Sam Hill and Chris Lederer, *The Infinte Asset*, HBS Press, 2001, pp.21-38.

작품이 오리지널 브로드웨이 프로덕션 작품이냐 아니면 국내 수입뮤지컬로 국내 프로덕션 작품이냐에 따라 수요량이 달라질 수 있다.

셋째, 문화콘텐츠상품은 일반적인 상품처럼 반드시 수익창출을 위한 목적으로 생산되는 것은 아니다. 이것은 문화의 공공재 성격 때문이다. 즉 일반적인 제품이나 서비스와는 달리, 전통문화유산 등의 공공적 성격이 강한 문화콘텐츠들은 판매나 교환을 목적으로 생산되지 않고 문화의 복원 및 전승을 위해서 생산된 것이다. 그러나 공공재적 성격의 문화콘텐츠라고 하더라도 생산과 소비의 관점에서 그것이 상품의 브랜드로서 재생산되는 것도 있다.

넷째, 문화콘텐츠상품은 하나의 원천 콘텐츠가 문화산업의 일개 영역에서 창조된 후 부분적인 기술적 변화를 거쳐 문화산업 영역의 내부, 혹은 다른 산업의 상품으로서 활용이 지속되면서 부가가치가 증대되는 'Window Effect' 효과를 갖고 있다. 이러한 Window Effect 효과는 마케팅 전략으로서 OSMU One Source Multi Use 의 연쇄적인 마케팅 효과를 갖추고 있다. 즉 하나의 원천 콘텐츠가 출판, 공연, 애니메이션, 영화, 캐릭터, 음반 등의 여러 가지 2차 문화콘텐츠 상품으로 파급되어 One Source의 흥행여부에 따라 파생상품의 흥행이 결정되어 2차 상품의 수익으로까지 이어질 수 있다는 것이다.

위의 문화콘텐츠 상품의 특성들은 종합해 보면, 문화콘텐츠 상품은 국가경제와 소비자경제가 선진국화 되면서 두드러지게 발전하여 생성된 상품으로서 원천 콘텐츠를 담는 매개체에 의해서 생산과 소비가 동시에 이루어지는 서비스 상품적인 성격을 갖추고 있다. 문화콘텐츠의 소비 측면에서 반복적인 경험을 통해 일정한 기호가 형성될 때 비로소 소비가 시작되는 경험재의 성격과 문화상품에 대한 기호가 후천적으로 개발·교육되기 때문에 상품 자체가 타 상품에 쉽게 대체되지 않는 비대체성의 특징을 가지고 있다. 또한 원천 콘텐츠의 성공확률은 낮으나 한번 성공하면 부가적인 파생상품의 높은 수익이 보장되는 특징을 가지고 있다.

이러한 관점에서 볼 때, 문화콘텐츠도 수요와 공급의 법칙이 적용된다. 제품으로의 특성, 소비의 대상이라는 특성, 동일 집단 내의 동질성과 타 집단에 대한 차별성이라는 특성을 갖추고 있음으로 인해서 브랜드의 범주에 포함시킬 수 있는 조건을 갖추고 있다는 것이다. 따라서 모든 유형과 층위의 문화는 브랜드화될 수 있으며, 실제로 그 문화가 커뮤니케이션 또는 교환을 목적으로 다른 문화와 구분하여 지칭할 때에 이미 문화는 브랜드로서 소비되고 있는 것이다.

문화콘텐츠 분야에 브랜드의 개념이 등장하게 된 것은 문화콘텐츠의 가장 중요한 특성인 Window Effect 효과와 OSMU 전략의 의해서 다양한 파생상품들이 개발되면서 이러한 상품들의 저작권 문제와 특성화 전략 때문이다. 따라서 문화콘텐츠의 브랜드 아이덴티티를 정의하기 위해서 먼저 문화콘텐츠 브랜드 아이덴티티의 조건에 대한 설정이 필요하다. 즉 브랜드 아이덴티티로서 문화콘텐츠의 생산·유통·소비의 관계에 대한 설정을 말한다.

문화콘텐츠에 대한 생산의 측면에서 문화콘텐츠가 브랜드화될 수 있는 대상의 설정이다. 물론 오늘날 문화원형 또는 대중문화들은 모두 문화콘텐츠로서 브랜드화될 수 있다. 광의적인 대상설정에 있어서 문화의 정의에 따른 삶의 총체적인 방식으로서 예술작품을 포함한 인간의 삶의 과정에서 창조된 모든 것, 그리고 인간의 특정한 삶의 방식으로 나타나는 문화가 다른 문화와 구분하기 위하여 사용되는 모든 표현체계들이 문화콘텐츠의 브랜드가 될 수 있다. 그러나 이 논지에서는 대중문화의 속성이 강한 출판, 공연, 애니메이션, 영화, 캐릭터, 음반 등으로 브랜드의 대상을 한정한다.

문화콘텐츠에 대한 유통의 측면에서 문화콘텐츠가 브랜드로서 기능을 하는 생산자와 소비자의 관계인 커뮤니케이션, 참여, 교환 등 상호작용이 있기 때문에 문화콘텐츠도 브랜드가 될 수 있다.

문화콘텐츠에 대한 소비의 측면에서 브랜드를 구성하는 요소는 콘텐츠의 브랜드 네임, 상징, 개성, 이미지 등이 소비자에게 반영되고, 이것들을 소비자가 통합적으로 브랜드의 이미지를 연상·인식하기 때문에 문화콘텐츠도 브랜드가 될 수 있다.

이러한 3가지의 관점들을 종합해서 문화콘텐츠 브랜드 아이덴티티를 정의하면, '문화브랜드＋아이덴티티＋커뮤니케이션' 전략의 3가지 요소가 결합되어 문화콘텐츠 브랜드 아이덴티티의 개념이 성립된다. 첫째, 문화브랜드의 개념으로서 소비자들이 경험하는 예술작품을 포함한 인간의 삶의 과정에서 창조된 모든 것, 그리고 인간의 특정한 삶의 방식으로 나타나는 문화가 다른 문화와 구분하기 위하여 사용되는 모든 표현체계들과 의미체계들, 그리고 이들의 조합이라고 할 수 있다. 둘째, 아이덴티티의 개념으로서 '동질성, 일치성, 통일성, 정체성, 주체성' 등을 의미하는 요소가 결합된 형태를 취하는데, 이는 브랜드 네임, 심벌, 개성, 이미지, 바람직한 연상 등과 같이 브랜드에 대한 소비자의 지각 형성에 영향을 미치는 다양한 요인들이 혼합된 개념이다. 셋째, 브랜드의 유통및 홍보전략 등과 같은 유무형적 실행도구들을 포함하고 있다. 따라서 문화콘텐츠 브랜드 아이덴티티는 문화콘텐츠의 브랜드에 대한 연상, 개성, 그리고 이미지 등을 포괄하는 개념이라고 할 수 있다. 문화콘텐츠의 브랜드 개성은 브랜드 연상이 체계적으로 조직화되어 뚜렷한 의미를 가지게 된 것이며, 문화콘텐츠의 브랜드 이미지는 소비자가 브랜드로부터 연상하는 콘텐츠의 편익이나 결과의 내용, 그리고 콘텐츠가 갖는 명성, 문화 수요층의 평가 등을 모두 포함하는 보다 광의의 개념을 말한다.

3
문화콘텐츠의 브랜드 아이덴티티 구축 모델 소개

캐퍼러Kapferer 의 브랜드 아이덴티티 구축 모델안을 문화콘텐츠 브랜드 아이덴티티 구축에 적용하기 위해서는 먼저 그가 제시한 브랜드 아이덴티티를 구성하는 6가지 요소들을 문화콘텐츠의 특성에 맞게 적용하는 단계가 필요하다. 그가 제시하는 브랜드 아이덴티티를 구성하는 6가지 핵심 요소들을 문화콘텐츠에 적용해 보면 다음과 같다.

첫째, 제품의 물리적 특징 Physique 은 문화콘텐츠의 관점에서 하나의 원천 콘텐츠가 다양한 매체의 파생상품으로 개발될 시 각 매체가 갖는 유무형의 속성이라고 할 수 있다. 즉 물리적 속성은 문화콘텐츠를 담는 매체적 속성으로서 예술장르 · 표현매체 · 홍보매체 등이다. 예를 들어, 영상 콘텐츠인 TV드라마 '대장금'이 공연콘텐츠인 뮤지컬 '대장금'으로 제작될 시 뮤지컬이라는 장르적 속성이 갖는 노래 · 음악 · 춤 · 연기등이 결합된 무대예술이라는 특성이 매체적 속성이라고 할 수 있다.

둘째, 브랜드의 개성 Personality 은 문화콘텐츠의 관점에서 하나의 콘텐츠로 개발된 상품 자체의 개성을 말한다. 이러한 콘텐츠 상품 자체의 개성은 브랜드와 연관된 문화콘텐츠의 브랜드 자체의 개성이며, 광고 · 홍보 등의 커뮤니케이션을 통해서 특정 콘텐츠 브랜드만의 개성을 더욱 구

그림 4-7　드라마 '대장금', 뮤지컬 '대장금'

그림 4-8 부천필하모닉 오케스트라의 "말러 교향곡 시리즈"

체적으로 구축할 수 있다. 어떤 특정한 문화콘텐츠상품이 갖는 외형적 특징도 브랜드의 개성에 속하고, 광고매체를 통해서 특정한 이미지를 활용하여 제품을 홍보하는 것도 콘텐츠 브랜드의 개성을 구축하는 전략이다. 예를 들어, 클래식 음악팬들에게 부천필하모닉 오케스트라의 브랜드는 그 자체가 브랜드가 될 수 있고, 또한 광고·홍보를 통해서 '말러 교향곡 하면 부천필하모닉 오케스트라이다'라는 브랜드로 인식한다.

셋째, 문화는 의도적이든 아니든 콘텐츠 브랜드가 새로운 라이프스타일을 창조하거나 사회적으로 영향을 준다는 것이다. 또한 브랜드 자체가 문화적 트렌드로서 구체적인 표상이 되기도 하고 커뮤니케이션의 수단과 방법이 되기도 한다. 이러한 콘텐츠 브랜드 아이덴티티의 문화적 요소는 소비자에게 문화상품이나 문화상품 생산자에 대한 좋은 이미지를 심어 주는 데 중요한 역할을 한다. 예를 들어, 1990년대 대중문화의 아이콘으로 평가되는 서태지는 X세대의 문화적 표상으로서, 그리고 문화적 트렌드로서 유행어·패션스타일·음악스타일 등에 영향력을 갖는다.

넷째, 관계Relationship는 콘텐츠로 개발된 상품과 소비자 간의 상호작용 또는 상품을 생산하는 생산자와 소비자 간의 상호작용을 말한다. 콘텐츠 브랜드와 소비자 간의 관계적인 측면으로 콘텐츠 브랜드가 소비자들 간의 무형적 기대와 교환의 핵심이 된다. 또한 소비자들이 어떤 특정 콘텐츠 브랜드에 대해서 느끼는 욕구나 태도를 문화콘텐츠상품에 내재시키고 있다. 예를 들어, 공연콘텐츠로서 오페라, 발레 등의 용어를 들었을 때, 대부분의 사람들은 고급예술분야로서 이 공연을 보러갈 때는 정창차림으로 가야 한다는 고급예술로 인식하는데, 이것은 계급의식이 콘텐츠 상품속에 내재되어 있기 때문이다.

다섯째, 사용자 이미지Reflection는 콘텐츠로 개발된 상품과 상품의 생산자가 소비자의 의식에 반영되어 나타나는 상을 말한다. 콘텐츠 브랜드에 관한 소비자의 시각은 소비자가 어떠한 위치계층, 교육수준, 교양수준, 소득수준, 예술적 취향, 경험의 차이에 있느냐에 따라 콘텐츠 브랜드의 이미지가 달라진다. 예를 들어, 미국에서는 재즈를 가장 대중적인 음악으로 인식하지만 우리나라에서는 '대중적인 고급예술장르'로서 인식을 한다.

여섯째, 자아 이미지Self Image는 특정 콘텐츠 상품의 브랜드에 대한 태도를 통해 소비자가 자기 안에 브랜드와의 관계 형태를 갖는다는 것을 말한다. 목표고객 자신의 내부적 이미지를 말하는 개념으로 특정 콘텐츠 브랜드에 대한 태도를 통해 고객은 자기 안에 브랜드와의 관계 형태를 개발하게 되는 것이다. 또한 고객은 특정 브랜드를 통해서 자기표현방식으로 자기 자신을 입증 받고자 한다. 예를 들어, 영상콘텐츠로서 TV 드라마나 영화속에서 등장하는 인물의 패션스타일 등은 일반 소비자들이 주인공이 입은 패션스타일을 따라하는 것으로 소비자가 영화 속의 주인공처럼 되기를 원하는 욕구와 자기 자신도 그 주인공과 같은 이미지를 보여주고 싶은 것으로 내부적인 관계형태로 자아 이미지를 형성한다.

각각의 브랜드 아이덴티티 구성요소들 간의 상호관계 설정을 문화콘텐츠에 적용하면, 브랜드 아이덴티티의 구축방향을 콘텐츠 상품의 생산자와 소비자의 입장으로 구분하여 브랜드의 물리적 특징과 개성을 생산자의 입장에서 소비자들에게 커뮤니케이션하는 콘텐츠 브랜드 송신자 Sender로 설정하고, 소비자의 입장에서 소비자 반영과 자아 이미지는 콘텐츠 브랜드의 커뮤니케이션 전략을 통해 이미지를 형성하는 콘텐츠 브랜드 수신자 Recipient로 설정한다. 따라서 이러한 과정을 통해서 송신자인 생산자는 콘텐츠 브랜드를 통해서 의도한 대로 수신자인 소비자와의 동일성을 확보할 수 있다. 또한 관계와 문화를 송신자와 수신자가 상호 작용하는 요인들로 설정하고, 소비자와 외부적 관계 Externalisation는 콘텐츠 브랜드가 외부적으로 표현되어 사회적으로 가시화되는 요인들을 형성하고, 문화를 통해서 형성된 기업과 제품과의 내부적 관계 Internalisation는 콘텐츠 브랜드 자체 내에서 통합되는 요인들을 형성한다. 따라서 이러한 6가지의 문화콘텐츠 브랜드 아이덴티티 구성요소들이 상호 유기적으로 결합되어 문화콘텐츠 브랜드 아이덴티티가 형성된다고 볼 수 있다. 또한 콘텐츠

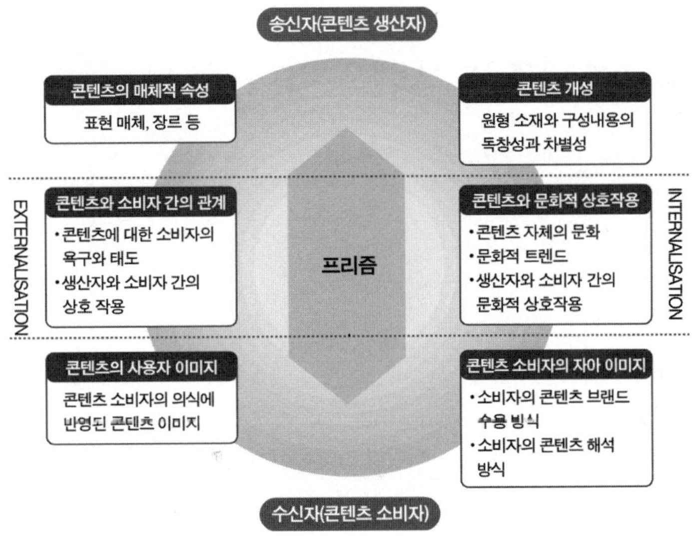

그림 4-9 캐퍼러의 모델을 적용한 문화콘텐츠 브랜드 아이덴티티 구축 모델

브랜드의 관계형성에서 있어서 내부적 관계의 상호작용 요인들인 개성, 문화, 자아 이미지는 콘텐츠 브랜드 자체가 소비자들에게 상징하거나 표현하고자 하는 것이지만 외부적 관계인 물리적 특성, 관계, 사용자 반영은 브랜드를 실제적으로 사용하는 사용자들의 특성을 구체화시킨다.

　지금까지 설명한 캐퍼러의 브랜드 아이덴티티 구축모델안을 문화콘텐츠 브랜드 아이덴티티 구축방향으로 모델화시키면 다음의 〈그림 4-9〉와 같다.

4
문화콘텐츠의 브랜드 아이덴티티 분석

1) 분석 사례 소개

국내 최초로 코믹 마샬아츠 퍼포먼스Comic Martial Arts Performance 라는 장르를 개척한 〈점프〉는 2002년 12월 〈별난 가족〉으로 초연되었다가 2003년 〈점프〉라는 작품명을 변경한 이후 현재까지 2,000회가 넘는 장기공연을 해왔다. 이 공연이 새로운 공연 장르의 개척에 성공할 수 있는 있었던 것은 ㈜예감이 제작단계에서부터 공연까지 철저한 공연브랜드 관리 및 마케팅 전략으로 공연프로덕션을 관리하였기 때문이다.

　〈점프〉의 공연제작사인 ㈜예감은 국내 공연시장 개척보다는 해외공연시장 개척에 눈을 돌려 2005년과 2006년 영국 에딘버러 프린지 페스티벌에 참가하여 박스오피스 1위를 기록하였고, 2006년 왕국 왕실 주관 로열 버라이어티 쇼 초청공연, 그해 영국 웨스트엔드에서 공연하여 전회 공연 매진을 기록을 세웠다.

　〈점프〉는 2006년 9월 서울 종로구에 점프전용관 개관을 비롯하여 2007년 9월 미국 유니온스퀘어 극장에서 장기공연되었고, 2008년 부산 점프전용관을 개관하여 국내외 관광객을 위한 문화관광상품으로 가치를 높여가고 있다.

그림 4-10 ㈜예감의 코믹 마샬아츠 퍼포먼스 '점프'

2) 코믹 마샬아츠 퍼포먼스 〈점프〉의 브랜드 아이덴티티 분석

우리나라 창작 공연물 중 가장 대표적인 문화상품으로서 브랜드 가치를 세계적으로 인정받은 작품은 특이하게 비언어극이라고 할 수 있는 〈난타〉와 〈점프〉가 대표적인 작품들이다. 그 동안 〈난타〉는 한국 공연예술의 신화를 창조한 것으로 많은 연구가 진행되어 왔다. 하지만 〈점프〉에 대해서는 그리 많은 연구가 진행되지 못한 상황이다. 또한 두 작품의 공연 브랜드 가치에 대한 구체적인 연구가 없는 상황이다. 따라서 본 연구에서는 마샬아츠 퍼포먼스 〈점프〉의 브랜드 아이덴티티 분석을 통해서 이 공연의 성공 요인들을 브랜드 아이덴티티의 관점에서 분석한다.

(1) 콘텐츠 브랜드의 매체적 속성 분석

일반적으로 공연콘텐츠의 브랜드는 그 속성이 다른 문화콘텐츠 브랜드처럼 하나의 콘텐츠적 속성에 의해서 브랜드가 소비자에게 인식되는 것이 아니라 공연 제작자, 극작가, 연출가, 출연진 등의 다양한 하위 브랜드적 요소들이 결합되어 하나의 브랜드인 공연명으로 소비자에게 인식된다. 예를 들어, '이 작품은 누가 연출을 맡았고, 유명한 뮤지컬 스타 ○○○가 출연한다'는 것처럼 공연작품명이라는 상위 브랜드에 하위 브랜드인 출연진, 연출가 등의 요소들이 결합되어 소비자에게 브랜드로 인식된다.

콘텐츠의 매체적 속성으로서 〈점프〉는 공연콘텐츠이다. 일반적인 공연콘텐츠의 유무형적 속성으로서 공연장르, 공연내용과 그것을 구성하고 있는 모든 요소들인 제작·연출·극작·출연진·무대·의상·조명·음향·공연홍보물 등이 포함된다. 대부분의 공연콘텐츠가 갖는 매체적 속성상 소비자의 브랜드 인식에는 거시적인 공연 장르와 출연진·연출 등의 미시적인 브랜드가 결합되어 브랜드 아이덴티티를 구성하는데, 〈점프〉는 연출이나 출연진의 하위 브랜드의 성격보다 오히려 공연장르 자체가 브랜드 아이덴티티가 인식된다는 것이다. 즉 세부적인 공연장르와 차별화된 공연 브랜드를 내세우고 있는데, 〈점프〉는 비언어극으로서 '퍼포먼스＋태권도·쿵푸 마샬 아츠＋코메디＋마임'이 결합된 "코믹 마샬아츠 퍼포먼스"라는 공연 장르의 브랜드 아이덴티티를 내세운다.

(2) 콘텐츠 브랜드의 개성 분석

공연콘텐츠의 브랜드가 갖는 개성의 측면에서 〈점프〉는 공연 자체가 개성을 가진 문화상품이다. 〈점프〉의 공연장르 자체가 '마샬아츠 퍼포먼스' 장르로서 국내에서나 해외에서도 보편화된 공연장르는 아니었다. 따라서 〈점프〉의 공연장르가 브랜드 아이덴티티의 개성으로서 독창성과 차별성을 갖추고 있다. 또한 〈점프〉라는 공연이 국내에 처음 소개되었을 때, 대부분의 사람들은 〈난타〉라는 공연을 통해서 '비언어극'이나 '논버벌 퍼포먼스'라는 낱말을 많이 들어보았어도 '마샬아츠 퍼포먼스'라는 낱말에 익숙해 있지 못했다.

㈜예감은 〈점프〉가 '마샬아츠 퍼포먼스'라는 공연 브랜드를 소비자들에게 인식시켜 주고자 다양한 광고·홍보 커뮤니케이션 전략을 활용하였다. 충주세계무술축제를 통해서 마샬아츠 퍼포머스라는 공연을 지역 축제 홍보 마케팅에 활용하고, 서커스 퍼포먼스 〈델라구아다〉 전용극장이었던 세종문화회관 델라구아다홀을 대관하여 장기공연을 통해서 〈델라구아

그림 4-11 ▶ '충주세계무술축제' 프로그램

다〉와 비슷한 유형의 공연장르라는 브랜드 인식을 심어 주었다. 또한 해외 유명 공연예술축제에 참가하여 좋은 공연평가를 통해서 국내 언론에 마샬아츠 퍼포먼스는 〈점프〉라는 브랜드 아이덴티티를 소개하였다.

그림 4-12 ▶ 서커스 퍼포먼스 "델라구아다"와 전용관

(3) 콘텐츠 브랜드의 문화적 파급 효과 분석

문화콘텐츠의 문화적 영향력에 있어서 〈점프〉는 새로운 공연 장르의 트렌드를 유도한 공연물로서 공연장르 자체가 새로운 공연문화의 구체적인 표상이자 문화 트렌드로서 브랜드 아이덴티티를 갖추고 있다. 2000년대 중반까지 국내에서는 〈난타 Cookin〉, 〈두드락〉, 〈야단법석〉 등의 타악 퍼포먼스 중심의 공연 트렌드가 지배적이었다. 그러나 세계 공연예술시장에서 타악 퍼포먼스 장르는 2000년대 초반부터 서서히 침체기를 맞이하고 있었고, 새로운 논버벌 퍼포먼스로서 서커스 · 마술 · 무술이 결합된 퍼포먼스가 점차 새로운 공연장르의 트렌드로 부상하고 있었다.

이러한 시대적 조류에 편승하여 〈점프〉는 국내에 최초로 '마샬아츠 퍼포먼스극'이라는 공연장르를 개척하였고, 장기 공연을 통해서 타악 퍼포먼스에서 벗어나 새로운 스타일의 비언어극 공연 장르가 공연문화의 트렌드로 부상할 수 있다는 가능성을 보여 주었다. 이러한 결과로 2007년

그림 4-13 ▶ 태양의 서커스 시리즈 "Allegria" 광고

〈태양의 서커스, 퀴담〉을 비롯하여 다양한 비언어극 장르들이 국내 공연 시장에서 흥행에 성공할 수 있는 계기를 마련해 주었다.

(4) 콘텐츠 브랜드의 생산자와 소비자 간의 관계 분석

공연은 무형적 재화로서 감성을 소비자에게 제공하는 상품이다. 오늘날 문화산업시장에서 주요 소비대상은 여성이다. 특히 다양한 공연예술시장 중에서 뮤지컬 공연시장은 여성의 관객점유율이 높다. 그래서 대부분의 공연제작풍토도 여성의 감성을 잡는 공연기획 및 마케팅 전략을 펼치고 있다. 여성의 감성이라고 할 수 있는 낭만성으로서 환상과 사랑을 공연콘셉트로 하여 제작되는 공연물도 속속 등장하고 있다. 이러한 뮤지컬 공연시장의 감성전략은 공연의 생산자와 소비자 간의 상호작용에서 의해서 형성되었는데, 여성 소비자의 마음을 사로잡을 수 있는 감성코드로서 '환상'과 '사랑'이라는 작품의 콘셉트는 보편적이고 공연의 흥행의 위험요소를 최소한으로 줄일 수 있는 요소이기 때문이다.

반면 남성의 감성코드라고 할 수 있는 '코믹', '액션', '영웅'과 같은 공연콘셉트를 담은 공연상품은 근래 공연예술시장의 풍토에서 찾아보기 힘들다. 그러나 〈점프〉는 공연 장르에 있어서 무술·아크로바틱·마임 등의 브랜드 아이덴티티, 가족 중심의 이야기 설정, 슬랩스틱 코메디와 마임을 통한 코믹설정, 그리고 가족 간의 사랑과 남녀 간의 사랑까지 포함하는 작품 콘셉트로 그 동안 공연상품의 소비계층에서 소외되어 왔던 남성관객·가족관객을 포함시키고 있다. 아울러 사랑이라는 콘셉트를 통해서 여성관객까지도 포함시키고 있다. 그래서 공연소비자들에게 〈점프〉의 공연에 대해서 물어본다면, '무술 액션극' 또는 '별난 가족의 재미난 코믹극' 등으로 대답하는 사례도 나올 수 있다. 결국 이것은 〈점프〉가 소비자와 상호작용을 통해서 남성을 공연문화에 참여시켜서 그들이 선호하는 감성코드를 〈점프〉라는 공연의 콘셉트에 접목하였다는 것이다.

(5) 콘텐츠 브랜드의 소비자 반영 분석

〈점프〉라는 공연에서 소비자가 인식하는 브랜드 이미지는 공연명 자체에서도 역동적인 이미지와 보편적인 이미지가 부각된다. 남성 관객의 입장에서는 공연내용을 보고 역동적이고 활력이 넘치는 액션으로 인식할 수 있고, 여성관객의 입장에서는 스랩스틱 코메디가 결합된 가족코믹극으로 인식할 수 도 있다. 그러나 〈점프〉는 무술이라는 특정한 스포츠를 극적 요소로 결합시켜서 코믹한 상황설정과 가족의 이야기이라는 내러티브 설정으로 계층과 경험, 취향의 차이 등에서 벗어나 보편적으로 누구나 쉽게 이해할 수 있고, 재미와 감동을 받을 수 있는 공연내용으로서 브랜드 아이덴티티를 설정하였다.

(6) 콘텐츠 브랜드에 대한 소비자의 자아 이미지 분석

공연콘텐츠 경우 소비자들이 공연을 보고 자신이 그동안 보았던 비슷한 유형의 공연물이나 다른 공연물과 비교하거나 공연을 통해서 자신이 기대한 것에 대한 만족도와 공연관람을 통해서 자신이 공연과의 관계 형태를 개발하게 된다.

〈점프〉라는 공연 브랜드는 남성 관객에게는 그 동안 무술영화를 통해서 볼 수 있었던 화려한 무술액션을 보고 마치 자신이 성룡이나 이소령과 같은 무술영웅이 된 것 같은 기분을 〈점프〉라는 공연을 통해서 느낄 수도 있을 것이다. 또한 여성관객의 입장에서는 〈점프〉 공연에서 연인관계로 나오는 두 주인공을 통해서 비록 어리 숙한 남자지만 여자를 위협하는 사람들이 나타났을 때 자신을 구해주는 멋진 남자 주인공을 봄으로써 일종의 보호본능에 자극되어 공연에 대한 좋은 호감을 느낄 수도 있다. 바로 이것이 〈점프〉 공연을 본 관객의 자아 이미지 형성에 관한 것이다.

공연콘텐츠는 철저하게 기획에서부터 소비자인 관객을 염두해 두고 제작되지 않는다. 그러나 오늘날 공연콘텐츠는 기획단계에서부터 문화적 트렌드와 소비자의 취향을 반영하여 공연작품의 콘셉트에 접목시킨다. 이것은 철저하게 공연상품으로서 공연흥행에 목적을 두고 있기 때문이다. 〈점프〉라는 공연은 기획단계에서 우리나라의 태권도를 소재로 하여 재미있는 공연을 만들 수 없는 가하는 고민에서 시작되었다. 바로 '태권도를 소재'로 하는 콘텐츠원형을 '재미있는 공연'이라는 창작예술활동과 문화상품으로 개발한다는 기획의도가 반영되었다. 그리고 기획단계에서 '재미있는' 공연을 제작하기 위해서 단지 화려한 역동적인 태권도쇼만 보여 주는 단순한 볼거리만 제공하는 것에서 벗어나 무술쇼에 극적요소로서 이야기를 접목하고, 마임·아크로바틱·슬랩스틱 코메디가 결합되어 하나의 완전한 공연상품으로서 〈점프〉가 탄생할 수 있었다. 그러나 "코믹 마샬아츠 퍼포먼스 〈별난 가족〉"이라는 브랜드명으로서 대중들에게 확실하게 공연 브랜드 이미지를 심어줄 수 없었고, 세계적인 문화상품으로서 브랜드명의 이미지가 부족하여 전 세계의 누구나 공감할 수 있는 브랜드명으로 〈점프〉라는 브랜드명으로 다시 탄생하게 되었다.

따라서 브랜드 아이덴티티 구성요소들 간의 상호관계 설정을 통해서

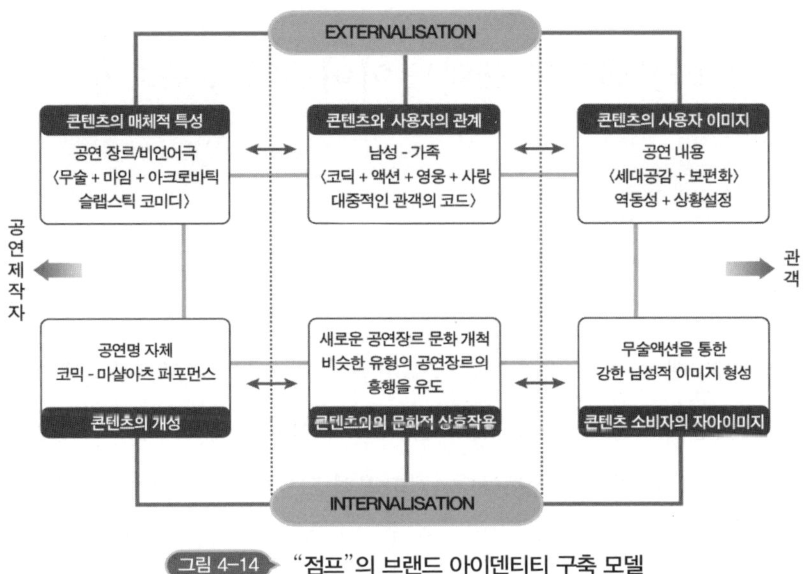

그림 4-14 "점프"의 브랜드 아이덴티티 구축 모델

〈점프〉을 분석한 결과 공연의 생산자인 ㈜예감은 〈점프〉라는 공연이 갖는 물리적 특성인 마샬아츠 퍼포먼스로서 무술이 중심이 되는 공연내용을 외적 관계를 통해서 소비자에게 반영시켰다. 반면 소비자는 국내에서 생소한 세부적인 공연 장르인 '마샬아츠 퍼포먼스'라는 브랜드 개성을 소비자와의 내적 관계인 문화를 통해서 소비자가 〈점프〉에 대해서 갖는 다양한 재미와 감동을 전달하였다. 결국 〈점프〉는 공연의 생산자인 ㈜예감과 소비자인 관객의 상호작용, 그리고 공연을 구성하는 6가지 브랜드 아이덴티티 구성요소들의 상호작용에 의해서 〈점프〉라는 브랜드 아이덴티티가 형성될 수 있었다.

지금까지 살펴본 〈점프〉의 브랜드 아이덴티티 구축방향을 모델화시키면 〈그림 4-14〉와 같다.

5
문화콘텐츠의 브랜드 아이덴티티 구축방안

지금까지 캐퍼러Kapferer의 브랜드 아이덴티티 구축방향 모델을 문화콘텐츠에 적용하여 문화콘텐츠의 브랜드 아이덴티티를 구성하는 요소들과 구축방향에 대해서 살펴보았다. 캐퍼러의 모델안은 브랜드 아이덴티티를 형성하는 측면을 송신자인 생산자와 수신자인 소비자가 관계와 문화라는 외적·내적 상호작용에 의해 생산자가 제공한 브랜드의 물리적 특성이 소비자 반영과 관계를 통해서 브랜드 아이덴티티가 구축되고, 생산자가 제공하는 브랜드 개성과 소비자의 자아 이미지가 문화를 통해 브랜드 아이덴티티가 구축된다고 하였다. 또한 6가지 브랜드 아이덴티티 요소들이 상호 유기적으로 결합되어 브랜드 아이데티티가 구축된다고 하였다. 그러나 구체적으로 브랜드 아이덴티티를 구성하는 개별적인 요소들과 이러한 요소들이 어떻게 상호작용을 통해 브랜드 아이덴티티가 구축되는가에 대한 설명이 부족하다는 단점이 있다. 따라서 오늘날 브랜드 아이덴티티 모델 구축안으로서 보편화되어 있지 못하다. 그러나 캐퍼러의 브랜드 아이덴티티 구축 모델안은 문화기호학적인 텍스트 분석 방법론을 브랜드 아이덴티티 구축 모델안에 적용하였고, 다른 학자들의 브랜드 아이덴티티 구축방향과 다르게 문화를 브랜드 아이덴티티 구성요소에 포함하여 연구 대상을 제공해 주었다.

캐퍼러의 브랜드 아이덴티티 구성요소들을 문화콘텐츠가 갖는 문화산업적 특성과 콘텐츠적 특성들을 접목하여 문화콘텐츠의 브랜드 아이덴티티 구성요소들을 개념화시키고, 그것의 구축방향에 대해서 살펴보았다.

문화콘텐츠 상품의 생산자 송신자 입장에서 브랜드 아이덴티티의 구성요소들 중에 브랜드의 매체적 속성이라고 할 수 있는 표현매체 · 예술장르 등은 소비사 수신자와의 외적인 상호작용이라고 할 수 있는 관계에 의해 소비자에게 브랜드가 반영되고, 바로 이러한 관계에 의해 문화콘텐츠의 브랜드 아이덴티티가 구축된다는 것이다. 또한 브랜드의 개성이라고 할 수 있는 콘텐츠 장르와 소재의 독창성과 차별성 등은 소비자의 내적인 상호작용이라고 할 수 있는 문화에 의해 소비자는 브랜드에 대한 자아 이미지를 형성하고, 바로 이러한 관계에서 문화콘텐츠의 브랜드 아이덴티티가 형성된다는 것이다. 또한 6개의 브랜드 아이덴티티 구성요소들이 송신자인 생산자와 수신자 소비자의 상호작용에 의해서 통합적으로 작용하여 문화콘텐츠의 브랜드 아이덴티티가 형성된다는 것이다.

현재 문화콘텐츠의 브랜드 아이덴티티 구축에 대한 구체적이고 실증적 사례 연구가 없는 상황에서 가설 설정에 의한 시론적 연구로 향후 이와 비슷한 연구에 있어서 좀 더 풍부한 개별사례들에 대한 연구가 이루어지길 기대한다.

참 고 문 헌

김만석. "삼국시대 속악가사(俗樂歌詞)의 문화콘텐츠화 방안". 『문화재』 제41
　　권 제2호. 국립문화재연구소. 2009.

김상일. 『한민족 의식 전개의 역사』. 지식산업사. 2004.

김성제. 『현대브랜드 경영전략』. 교보문고. 2006.

김양동. "한국 고대음악의 기원 시고(試考): 신(神)의 문자학적 해석을 통한 '소
　　리'와 '노래'의 어원을 중심으로". 『음악과 문화』 제7호. 2002.

김영기. 『The Contents』. 이-디자인. 2002.

김의준. "문화콘텐츠산업의 경제적 파급효과". 한국문화콘텐츠진흥원. 2004.

김재문. "다시 생각해보는 브랜드 관리". 경영정보 5월호 LG주간경제. 2004.

김혜리 외. 『영화용어 사전』. 영화언어. 1999.

나병철. 『소설의 이해』. 문예출판사. 1998.

나운봉 · 손영석. 『브랜드 STP 전략론』. 비엔엠북스. 2006.

문순태. 『정읍사(그 천년의 기다림)』. 이룸. 2001.

문화관광부. 2002년 문화산업진흥법 개정안. 2002.

＿＿＿＿. 『문화산업 백서』. 2002.

민족문화추진회. "팔관회 선랑 하표(八關會仙郎賀表)". 『국역본 동문선』 제31
　　권. 솔. 1998.

박상천. "예술의 변화와 문화콘텐츠의 의의". 『인문콘텐츠』 제2호. 2003.

박진. 『서사학과 텍스트 이론: 토도로프에서 데리다까지』. 랜덤하우스중앙.
　　2005.

배영동. "문화콘텐츠화 사업에서 문화원형 개념의 함의와 한계". 『인문콘텐츠』

제6호. 2005.

백승국.『문화기호학과 문화콘텐츠』. 다할미디어. 2004.

서정록. "한국 풍류의 원형과 그 세계사적 의의".『동아시아 문예부흥과 생명평화』. 세계생명포럼. 2005.

손대현.『문화를 비즈니스로 승화시킨 엔터테인먼트 산업』. 김영사. 2004.

손일권.『브랜드 아이덴티티: 100년 기업을 넘어서는 브랜드 커뮤니케이션 전략』. 경영정신. 2003.

신은경.『풍류: 동아시아 미학의 근원 보고서』. 요녕교육출판사. 1991.

신응철. "문화해석의 두 입장: 자유의지론과 문화결정론의 논쟁".『해석학연구』제10호. 2002.

신현암 외.『브랜드가 모든 것을 결정한다』. 삼성경제연구소. 2000.

심광현.『홍한민국』. 현실과문화연구. 2005.

심상민. "콘텐트비즈니스의 새 흐름과 대응전략". 삼성경제연구소. 2002.

심승구. "한국 술문화의 원형과 콘텐츠화: 술 문화의 글로벌콘텐츠를 위한 담론 체계 탐색", 인문콘텐츠학회 학술심포지엄 발표 자료집. 2005.

안광호 · 한상만 · 전성률.『전략적 브랜드관리』. 학연사. 1999.

안민수.『연극연출』. 집문당. 1999.

안신현. "문화기술의 학문분야로서 문화원형기술의 패러다임분석". 한국과학기술원 석사학위논문. 2005.

양인리우 지음 · 이창숙 옮김.『중국고대음악사』. 솔. 1999.

양주동.『조선고가 연구』. 박문출판사. 1957.

에릭 홉스본 지음, 박지향 · 장문석 옮김.『만들어진 전통』. 휴머니스트. 2004.

오스카 G. 브로케트 지음 · 김윤철 옮김.『연극개론 제4판』. 1998.

유동식.『종교와 예술의 뒤안길에서』. 한들출판사. 2002.

유탁일. "의유당 유고(미발표)와 그 작자, 의유당일기(이병기 교주본)". 국어국
　　　문학회 학술지 제76호. 1977.

이대희. 『문화산업론』. 대영문화사. 2001.

이윤선. 『민속문화기반의 문화콘텐츠 기획론』. 민속원. 2006.

임영상. "문화콘텐츠 개발과 인문학". 『인문콘텐츠』제6호. 2004.

조규익. 『고려속악가사 · 경기체가사 · 선초악장』. 한샘출판사. 1994.

조긍호. "문화유형과 정서의 차이: 한국인의 정서 이해를 위한 시론". 서울대학
　　　교 사회과학대학 심리과학연구소 학술논문 제6권 제2호. 1997.

조은경. "사회심리학의 최근 동향: 동기와 정서의 복귀". 한국심리학회 편. 심리
　　　학 연구의 최근 동향. 1994.

조흥윤. "샤머니즘과 한국음악". 『한국음악연구』. 제26호. 2004.

＿＿＿. 『巫: 한국무의 역사와 현상』. 민족사. 1997.

주강현. 『굿의 사회사』. 웅진. 1992.

차주환. 『고려당악의 연구』. 동화출판공사. 2001.

＿＿＿. 『고려사 악지』. 을유문화사. 1972.

채트먼 지음 · 한용환 옮김. 『이야기와 담론』. 고려원. 1991.

최길성. 『한국 무속의 이해』. 예전사. 1994.

최종민. 『한국전통음악의 미학사상』. 집문당. 2003.

최준식. 『한국미, 그 자유분방함의 미학』. 효형. 2000.

＿＿＿. 『한국의 종교 문화로 읽는다 1』. 사계절. 2002.

＿＿＿. 『한국인은 왜 틀을 거부하는가?』. 소나무. 2002.

한국문화콘텐츠진흥원. "문화원형 과제". 2008.

한용환. 『서사이론과 그 쟁점들』. 문예출판사. 2006.

한홍섭. 『우리 음악의 멋 풍류도』. 책세상. 2003.

______. 『한국의 음악사상』. 민속원. 2002..

혜강 지음 · 한홍섭 옮김. 『성무애락론(聲無哀樂論)』. 책세상. 2002.

홍성민. "새롭게 보는 마케팅 이야기". 『Weekly Report』 제158호. 라이터스 편집부. 2004.

C. Lutz. "Unnatural emotions: Everyday sentiments on a Micronesian atoll and their challenge to Western theory". University of Chicago Press. 1988.

David A. Aaker. *Building Strong Brands*. The Free Press. 1996.

J. G. Miller. "Culture and the development of everyday social explanation". *Journal of Personality and Social Psychology*. 1984.

Jean-Noel Kapferer. *Strategic Brand Management*. The Free Press. 1992.

Kevin. Lane Keller. *Strategic Brand Management*. Prentice Hall. 1998.

M. Z. Rosaldo. "Toward an anthropology of self and feeling. In R. A. Shweder & R. A. LeVine(Eds.), Culture theory: Essays on mind, self, and emotion". Cambridge University Press. 1984.

Philip Kotler. *Marketing Management 8th ed*. Prentice Hall. 1994.

S. B. Chatman. *Story and Discourse*. Cornell University Press. 1978.

S. Kitayama & H. R. Markus. "Culture and emotion: The role of other-focused emotions". Paper presented at the 98th Annual Convention of the American Psychological Association, Boston MA. 1990.

Sam Hill & Chris Lederer. *The Infinte Asset*. HBS Press. 2001.

[웹사이트 참고문헌]

문화재청 홈페이지 〈http://www.cha.go.kr/korea/heritage/knowledge〉

한국문화콘텐츠진흥원 CT뉴스 〈http://ctnews.kocca.or.kr/ctnews/kor/SITE/
　　data/html_dir/2007/02/1〉

조선왕조실록 사이트(sillok.history.go.kr) 조선왕조실록 연산군일기 60권 22
　　장 원문

다음 백과사전－한국사상 '풍류' 〈http://enc.daum.net/dic100/contents.do?
　　query1=b23p4115a〉

다음 백과 사전－난낭비서 〈http://enc.daum.net/dic100/viewContents.do?
　　query1=b03n2992a〉

이승훈. 「브랜드 아이덴티티에 대한 이론적 고찰」, Branding Column, www.
　　brandmajor.com, 2005

문화산업진흥기본법 〈http://www.lawnb.com/lawinfo/law/info_law_
　　searchview.asp?ljo=l&lawid=00128620〉

뮤지컬 〈정읍사〉 공식카페 〈http://cafe.naver.com/jeongeupsa.cafe〉

국수호디딤무용단 제작, 춤극 〈고구려〉 〈http://www.kookdance.com〉

서울예술단 제작, 뮤지컬 〈바람의 나라〉 공연포스터 〈http://www.spac.or.kr〉

KBS한국방송공사 KBS 특별기획드라마 〈바람의 나라〉 〈http://www.kbs.co.kr/
　　drama/baram〉

넥슨게임 〈바람의 나라〉 홈페이지 〈http://baram.nexon.com〉

㈜MBC문화방송 ㈜PMC프로덕션 제작, 뮤지컬 〈대장금〉 공연포스터
　　〈http://www.dae-janggum.com〉

SBS서울방송 SBS창사 15주년 대하드라마 〈서동요〉 〈http://tv.sbs.co.kr/seodong〉

영화 〈왕의 남자〉 공식 홈페이지 〈http://www.kingsman.co.kr〉

연극 〈이〉 공식 홈페이지 오디뮤지컬컴퍼니 〈http://www.odmusical.com〉

코믹 마샬아츠 퍼포먼스 〈점프〉 공식 홈페이지 〈http://www.yegam.com/jump/kor〉

[네이버 오픈 사전 참조]

네이버 백과사전 〈http://www.naver.com〉

뮤지컬 〈정읍사〉 공식카페 〈http://cafe.naver.com/jeongeupsa.cafe〉

점프 공식 웹사이트 〈http://www.hijump.co.kr〉

정창관 〈국악CD음반세계〉 〈http://www.kukakcd.pe.kr〉